AF451896

CATON D'UTIQUE,

TRAGÉDIE,

Par M. POINSINET DE SIVRY, Penſionnaire de la Maiſon d'Orléans, & Membre de la Société Royale des Sciences & Belles-Lettres de Lorraine.

« . . . . *Catonis*
« *Nobile lethum.*
HORACE.

» *Juſtum & tenacem propoſiti virum.*
Idem.

» *Virtutem moreſque repræſentare Catonis.*
Idem.

» *Victrix cauſa Diis placuit , ſed victa Catoni.*
LUCAN. Pharſ.

A PARIS,

Chez CAILLEAU, Imprimeur-Libraire, rue Galande, N°. 64.

1789.

ÉPITRE
A LA PATRIE.

MÈRE FÉCONDE D'INNOMBRABLES HÉROS, ET D'INAPPRÉCIABLES GÉNIES EN TOUT GENRE; O MA PATRIE!

J'AI donc assez vécu, pour être le témoin de l'instant le plus brillant, qui, dans l'étendue des Ages, pouvoit être réservé à ta gloire. Hommage te soit rendu, ô France! ne te refuse point au culte légitime que s'empresse à te rendre quiconque a le bonheur de te devoir le jour. Parmi les acclamations triomphales que t'adressent tes enfans, ne rejette point le tribut que t'offre aujourd'hui ma Muse. Je présente à ma Patrie régénérée; je consacre à la France, toute radieuse encore de sa Liberté renaissante, le tableau des derniers soupirs de la Liberté Romaine expirante en la personne de Caton. Réjouis-toi, Mère auguste & chérie; & conçois un juste orgueil, en comparant la florissante destinée de ton Empire, à celle de l'Empire Romain. Au commencement du huitième siécle,

A 2 "

après sa fondation, Rome asservie, passe à jamais sous le joug du despotisme ; tandis que, près de quatorze siècles après Pharamond, la France plus majestueuse, & plus rapprochée de la dignité de son nom, voit arborer dans toute son enceinte, l'étendart de l'indépendance. Ce vaste État sera donc désormais libre, sans cesser d'être Monarchique. Vive la France ! Vive son Roi, restaurateur de la liberté ! O mes Concitoyens, ce sont vos vœux que j'exprime.

POINSINET DE SIVRY.

INSCRIPTION LATINE

Pour la Statue de LOUIS XVI, dans la nouvelle Place de la Liberté.

Arx infanda fuit : tangentes fidera Turres
    Nunc ubi ? Libertas occupat æqua locum.
Libero enim meliùs fic aëre Lilia crefcunt ;
    Et juftum tandem Francia nomen habet.
Area vafta patet ; concurritur undique ; furgit
    Virginis ad Cœlum nomen (1) Eleutheriæ.
Annuit ipfe novæ Lodoïx affertor Alumnæ ;
    Indè ingens fceptris adjicit ille decus.
Æternum, ô Lodoïx ! facrat tibi Patria Signum ;
    Id meruit, Patriæ Rexque, Paterque fimul.

---

(1) ELEUTHERIA, eft le nom Grec de la Déeffe Liberté.

AVANT-PROPOS.

Le Dogme le plus vrai, le plus sublime & le plus respectable, celui de l'*Immortalité de l'âme*, a causé dans les siècles passés, un nombre effrayant de *suicides volontaires*.

Supposer que ce Dogme eût été le moteur de la résolution que prit Caton d'anticiper l'instant de sortir de la vie ; tel est le parti qu'ont cru devoir prendre les différens Écrivains, qui ont mis sur la Scène la mort spontanée de ce célèbre Stoïcien. C'est en quoi, sans contredit, ils se sont jettés, & ont entraînés d'autres dans le plus palpable abus, puisqu'ils ont ainsi érigé le suicide Pseudo-Platonicien, mais présenté comme vraiment Platonicien, en moralité théâtrale.

J'ai soigneusement évité cet écueil, & je m'en suis garanti avec toute la précaution que pouvait y mettre un Écrivain saisi d'une juste horreur pour ces attentats trop communs, d'un Citoyen contre lui-même. J'avais trop publiquement exprimé ces principes, pour y déroger en cette occasion, & ne point me rappeller l'imprécation vigoureuſe qui m'était échappée, à la vue ſanglante d'un Célibataire ſuicide. C'eſt le lieu de la rapporter ici.

« Ennemi de l'Hymen, impur Célibataire (1);
» Aſſaſſin des enfans, dont tu ſerais le père ;
» Ingrat envers ton Dieu, coupable envers l'Etat,
» Et ſuïcide enfin, pour dernier attentat,
» Tu ſouilles la Mort même; & ton ſupplice impie,
» Ajoûte un ſacrilège aux crimes de ta vie.

Il faut convenir que le forfait d'abréger ſa carrière, tout atroce qu'il ait été dans tous les tems, a, de nos jours, bien perdu, de ce faux luſtre que lui donnait une morale vraiment Céleſte, dont le juſte enthouſiaſme avait inſenſiblement conduit les plus reſpectables Proſélytes, à des conſéquences abuſives & deſtructives d'eux-mêmes.

« L'Ame (s'écriaient-ils) eſt immortelle,
» comme la Divinité dont elle émane, &
» dont, à regret, elle ne fait qu'une por-

____

(1) Il eſt de fait, que ſur deux mille Citoyens ſuicides, il y en a pour le moins dix neuf cent quatre-vingt-dix de célibataires. Eh ! quel eſt l'homme raiſonnable, ſi lâche ou ſi déterminé qu'on le ſuppoſe, qui puiſſe ſe réſoudre à ſe détruire, s'il a femme & enfans. Légiſlateurs des Peuples, proſcrivez le célibat : vous proſcrirez deux grands fléaux de l'humanité; le célibat & le ſuicide.

A 4

» tion féparée, tant qu'elle refte unie au
» corps, matière terreftre & périffable.
» Cette vie n'eft donc que la mefure d'une
» captivité, qui retient l'Ame éloignée de
» fon principe divin. Dégagée de fes liens,
» elle retourne à la fource incorruptible
» dont elle découle ».

Jufques-là les Philofophes d'Athènes &
de Rome, ainfi que ceux de l'Indus & du
Gange, ont raifonné felon les principes
mêmes de la révélation (1), bafe inconteftable de la plus faine croyance. Mais
l'yvreffe où les a jettés cette découverte
fublime, a bientôt égaré leur raifon. L'Ame
eft entrée dans le chemin fpacieux & illimité des chimères; le fentiment précieux
de fon origine, & l'orgueil de fa dernière
deftination, ont allumé chez elle le defir
de franchir cette vie, comme une borne
humiliante, comme un intermédiaire importun. Ces idées fuperbes l'ont étourdie
fur le fcrupule de rompre le pacte d'alliance

---

(1) « *Deus creavit hominem inexterminabilem, & ad imaginem fimilitudinis fuæ fecit illum.*
                            Lib. Sapientiæ, ch. 2. v. 23.
» *Quod litteris extet Pherecides Syrius primùm dixit animos*
» *hominum effe fempiternos : antiquus fanè : hanc opinionem*
» *Difcipulus ejus Pythagoras maximè confirmavit* ».
                            Cicer. Tufcul. L. 1.

contractée fans fa participation, entre elle
& le corps.

    « Où ferait (s'eft elle dit) l'inconvé-
» nient de brifer cette cloifon d'argile,
» pour me rejoindre plutôt au Defiré qui
» m'appelle ? Lui-même ne mine-t-il pas
» tous les jours cette prifon, à l'aide des
» injures récidivées du tems deftructeur?
» Chaque brèche qu'il y fait, ne m'invite-
» t-elle pas à feconder fes intentions? Pri-
» fonnière fecourue, je veux, je dois, je
» vais de ma part, contribuer à ma déli-
» vrance. Je remplis ton vœu, j'obéis à ta
» voix, Intelligence propice, Principe éter-
» nel de mon être! Enfin donc, je me dé-
» gage ; portée fur ce dernier fouffle, je
» vole dans ton fein ».

    Telles font, on fe le figure, les dernières
paroles ; &, dans une intention erronée,
les pieufes invocations de ces Héros, ou
plutôt de ces victimes des fauffes conféquences où mène le dogme Platonicien.
Ses maximes font fi pures, fi confolantes,
lorfque la Raifon qui les adopte, fe renferme
dans les limites d'une faine Logique! Mais
elles deviennent fi dangereufes & fi meur-
trières, quand l'imagination, égarée par
l'extafe, s'élève & fe perd dans la région

des idées furnaturelles, à la lueur, toujours infidèle & funeste, des flambeaux du fanatifme !

Il s'en faut bien, je le répète, que, de nos jours, l'attentat fur foi-même, ait pour motif & pour excufe, le dogme précieux de l'*Immortalité de l'âme*, fuivie de conféquences trompeufes. Nos fuicides modernes font fort éloignés d'être des difciples; que dis-je ? des fectaires hérétiques de Platon. C'eft à l'école de l'athée Diagoras, qu'ils fe font tous formés : c'eft dans la thèfe impie du *Matérialifme*; c'eft dans l'abnégation formelle de l'*Immortalité de l'âme*, qu'ils ont puifé l'infouciance d'exifter, bientôt fuivie de l'ennui de vivre. Ils ont tous dit avec le perfonnage fcélérat mis en fcène par un de nos Poëtes :

« Une heure après la mort, notre âme évanouie,
» Sera ce qu'elle était une heure avant la vie.

Cette vie n'étant qu'un voyage, dont la mort leur a paru le terme, fans efpoir, ni confolation au-delà, ils ont évité tous les liens qui pouvaient les attacher à la fociété. Ils n'ont jamais connu de véritable amour, ni de véritable amitié. Le baume de ces vertus n'a jamais pénétré le *callus*, qui fert de cuirace à leur cœur endurci; à leur cœur Cofmopolite, anti-patriote; &, pour tout dire, anti-focial. Sans amour, fans amitié, fans attachement pour lui-même, parce qu'il fe regarde comme purement paffif, & comme n'ayant d'autre perfpective pour ceffer de l'être, que dans l'inftant où il ceffera de refpirer; eft-il furprenant que le Stoïcien de Londres & de Paris, cherche à abréger une tâche dont il ne connaît que le fardeau?

C'eft pour m'écarter de ce type ingrat & ftérile; c'eft par toutes les raifons qu'on vient de voir expofer, que je me fuis déterminé à faire de mon *Caton*, moins un martyre, un enthoufiafte du Platonifme; qu'un *Curtius*, un Citoyen magnanimement dévoué au falut de fa Patrie.

Confidérée fous cet afpect, la mort préméditée d'un Romain de ce caractère, forme un fujet, fans contredit, très-tragique, & digne de remplir cinq actes : au lieu que, le fublime fentiment de l'immortalité de l'âme, regardé comme l'unique principe qui conduirait Caton à devenir fon propre deftructeur, ne peut, à la rigueur, produire qu'une feule fcène; ou, pour mieux dire, qu'un beau monologue ifolé.

Les Écrivains du tems de Jules-Céfar, & fur-tout du tems d'Augufte, trop fuivis par Plutarque, & par d'autres Hiftoriens poftérieurs, fe font comme donné le mot pour métamorphofer le fuicide politique & vraiment patriotique de Caton, en un fuicide dirigé par le plus aveugle & le plus féroce défefpoir, ou commandé par une infpiration dogmatique, émanée d'une fecte aveugle & deftructive de toute convention fociale. Par ce moyen, ils ont réuffi à faire de la *mort de Caton*, ainfi offerte, un fujet infufceptible d'aucun fuccès théâtral. La raifon en eft fenfible : c'eft qu'une fpéculation, même fublime, n'eft point un Drame ; & qu'un dogme (1), n'eft point une Action. On n'aura pas lieu de faire cette forte de reproche à mon Ouvrage, où tout offre un Plan animé de la vie la plus active.

Je me permets dans cette Tragédie, de légers anachronifmes, comme lorfque j'an-

---

(1) Ceux qui attribuent la mort de Caton à des maximes purement philofophiques, le font mourir entre Démétrius & Ariftonide, en difant à ces fages : « *Ou renverfez les principes* » *que vous m'avez infpirés, ou permettez que je meure* ».

Et moi, je dis : « Cette circonftance hiftorique n'a pas dû » me priver, comme Poëte dramatique, de faire primer parmi » plufieurs motifs qui ont pu déterminer la mort de Caton, » le plus naturel & le plus théâtral de tous, le *Patriotifme*.

ticipe de plufieurs années de certains évè-
nements; & principalement, lorfque je fais
mourir Cneus-Sextus Pompée, fils du grand
Pompée, un peu avant l'époque hiftorique.
Je rends compte de cette licence particu-
lière dans les notes, & j'en juftifie les motifs.
Virgile, le divin Virgile, a pris bien d'autres
libertés dans l'Enéïde, en faifant, de la
prude & conftante veuve de Sichée, une
Amante éperdue du chef des Troyens; &
en rapprochant, à l'égard de ces deux perfonnages, des époques (1) très-féparées dans
l'Hiftoire. J'ai donc ufé, quoique très-fo-
brement, de ces privilèges communs à tous
les Poëtes; & par ces moyens, pour lef-
quels tous les droits de l'Art dramatique
réclament en ma faveur, je crois être par-
venu à traiter le fujet de *Caton d'Utique*,

---

(1) Ces deux époques font diftantes de trois fiècles & plus;
& bien loin, que l'intéreffante & vertueufe Didon, ait trahi la
mémoire de Sichée, elle préféra l'attachement pour fes mânes,
& la mort même, à l'hymen d'Iarbas, Roi des Gétules, qui fe
prétendoit fils de Jupiter, par fa mère Garamantis, fille de
Garamas, Roi de Libye. Ces licences, on l'a fi fouvent dit,
font permifes également aux Peintres & aux Poëtes. L'imagination eft leur domaine:

. . . . *Pictoribus atque Poëtis*
Quidlibet audendi femper fuit æqua poteftas.
                              Hor. Art. Poët.

d'une manière vraiment Romaine, tragique & théâtrale. Je me suis sur-tout attaché à faire de mon Héros, le foyer de l'intérêt de toute la Pièce.

Il n'y a point au Théâtre Français, de Tragédie, qui réunisse à une foule de Personnages intéressants, à une action si clairement développée , & à un intérêt aussi unique & aussi simple, un spectacle plus riche en pompes & accessoires héroïques; dont aucun n'est mendié, dont nul n'est amené, au besoin, par l'industrie, mais qui tous sont fondés en raison; & résultent naturellement , & sans effort, de l'essence & du fond même du sujet.

Je reviens à l'attaque contre les abus du dogme Socratique , qui semblait inviter l'Ame à franchir d'elle-même les barrières corporelles, où Socrate, & Platon son organe, ne lui laissent voir que la prison qui la sépare de son divin principe. Je reviens, dis-je, contre ce dogme fameux, prétexté le destructeur légitime des devoirs civils. Je soutiens qu'on n'a point dû en faire la base suffisante du parti que prit un Républicain en chef, tel que Caton, d'attenter à sa propre existence, dans l'époque où l'Etat, la Patrie, & sur-tout la République (1), paroiſſoient avoir le plus preſſant beſoin de ce grand homme. Caſſius & Brutus, qui n'étaient guères que des Diſciples de Caton, ont bien pu, par précipitation & par une erreur fatale ſur l'iſſue d'une bataille, anticiper le terme de leurs jours; comme, par un déſeſpoir aveugle, le firent auſſi Pétreïus & Juba. Mais un homme tel que Caton, qui eſt mort avec toute la réflexion poſſible, s'eſt détruit, ſans doute, avec quelque (2) eſpoir que ſon trépas maintiendrait, ou rendrait aux Romains leur liberté.

J'ai établi plus haut, que la terreur univerſelle répandue ſur le Parti vaincu, après

---

(1) L'*État* ou l'*Empire Romain*, était, ou fut toujours une définition vague & illimitée ; la *Patrie* était, dans l'application, une expreſſion preſqne auſſi vague que celle d'*État* ou d'*Empire*, ſur-tout à l'époque de Jules-Céſar. Mais alors, tout Romain comprenait clairement, & ſentait vivement ce qu'il fallait entendre & ſentir par le mot de *Republique*.

(2) Encore une fois, je me ſuis cru fondé, & par les privilèges de la Poéſie, & même par des monumens hiſtoriques, à faire du trépas de Caton, une mort Républicaine, & d'un motif patriotique. J'ai, en faveur de mon avis, ce témoignage d'un ancien Poëte.

« *Hi mores, hæc duri immota Catonis*
» *Secta fuit: ſervare modum, finemque tenere,*
» *Naturamque ſequi, Patriæque impendere vitam* ».

la bataille d'*Actium*, & qui ne fit que s'ag‑
graver fous Tibère & les autres fuccefſeurs
d'Augufte, dut fermer la bouche aux véri‑
tés hiftoriques, & traveftir en défefpoir
infenfé, ou bien en fanatifme outré, & pré‑
tendu Platonicien (1), la fin toute patrio‑
tique de Caton. Je crois cela plus que prou‑
vé, pour quiconque voudra analyfer avec
foin, les détails intéreffans de cette défo‑
lante deftruction de la République Romaine.
Il fera donc permis aux Anglais, nos voi‑
fins, &, particulièrement, à un Ecrivain du
mérite d'Adiffon, de faire, au gré des pri‑
vilèges fans limites de la Nation Britan‑

______

(1) Platon, en exaltant le dogme de l'*Immortalité de l'âme*,
n'avait point pour but de généralifer l'innocence du fuicide ;
il voulait feulement établir la légitimité du fuicide de Socrate,
à la faveur de l'expofition du dogme divin, qu'il mettait dans
fa bouche. C'eft une fauffe application d'un excellent prin‑
cipe. Au furplus, le fait de Socrate, avalant volontairement
la ciguë, ne prouve rien qu'en faveur, ou en excufe du fui‑
cide de Socrate, Perfonnage très-avancé en âge ; & qui,
comme chef de fecte, eût rougi de fe rétracter devant fes Juges,
qui lui offraient cette voie de fe fauver. Ni Criton, ni Chæré‑
phon, ni Xénophon, ni Ariftippe, ni Platon lui-même, ces
Apôtres de Socrate, n'attentèrent fur leurs propres jours, fous
prétexte que l'âme devait haïr fes liens, & s'empreffer de re‑
joindre fa fource facrée. Cet abus du dogme Socratique, ne
germa, & ne prit vogue, que plufieurs fiècles après la mort
de ces hommes célèbres. Ce ne fut pas même à Athènes, mais
à Rome, que ce trifte levain fermenta, & fit fes premières,
mais non dernières éruptions.

nique,

nique, adopter par Caton, pour principale justification d'un suicide théâtral, cet axiôme, qui, tout sublime & tout Platonicien qu'il est, ne sera jamais propre à faire sur la Scène Française, ni la cause, ni le nœud, ni le ressort d'un sujet digne d'une Tragédie. Voici cette maxime, relative au dogme de l'*Immortalité de l'âme.*

» *It must be so ; Plato, thou reasonest well.*

A la lettre :

» Platon, cela doit être ; & tu raisonnes bien.

D'accord, Philosophes Anglais ; pourvu que vous vous en teniez à cette maxime, comme à la devise, qui, vous rappellant la Céleste origine de l'homme, l'attache au poste quelconque où les décrets éternels l'ont placé ; & non comme au cri de sédition, qui l'inviterait à déserter ce poste.

N. B. On m'écrit, que parmi les personnes à qui mon manuscrit a été communiqué, quelques-unes ont prétendu que ma Tragédie étoit un Opéra ; d'autant que les

B

riches acceffoires, les marches de troupes, les Pompes facrées, & les autres moyens vraifemblables d'un grand fpectacle, n'y font point épargnés. Mais, à ce compte, Efther & Athalie feraient donc des Opéras. Il en faudra dire autant de Sémiramis, d'I-phigénie en Tauride, & de plufieurs autres Tragédies de la Scène Françaife actuelle. Eh! depuis quand la Pompe théâtrale lui ferait-elle interdite? Jufqu'à quand nous laif-ferons-nous reprocher qu'en France, nous avons la Tragédie fur un Théâtre, & le Spectacle fur un autre? Puifque j'ai refpecté l'*unité de lieu*, puifqu'on ne voit dans ma Pièce, ni Dieux, ni chars volants, ni dé-mons, ni magiciens, ni monftres, marins, terreftres, ou autres; ce n'eft donc pas un Opéra, mais une Tragédie que j'expofe.

Une autre objection auffi peu fondée, à laquelle je vais fuccinctement répondre; c'eft celle-ci : « *votre Caton fe donne la mort,* » *dans l'efpoir de garantir à Rome la liberté;* » *& fa mort, par la fuite, ne produit point* » *cet effet* ».

A cela, je réponds, que l'action d'un Poëme ne s'étend point par-delà la durée du Poëme même. Virgile, au premier Livre de l'Enéïde, fait dire par Jupiter, en parlant des Romains :

   » *His ego nec metas rerum nec tempora pono;*
   » *Imperium sine fine dedi.*

Qu'est devenu l'effet de cette prophétie faite aux Romains, d'un Empire qui n'aurait, ni fin, ni limites, & dont l'Énéïde a pour but, de jetter les premiers fondemens ? Cet Empire est détruit depuis long-tems ; & Virgile, comme Poëte épique, n'en est pas moins à l'abri de toute critique en cette partie de son Poëme, parce que les évènemens postérieurs à l'action de l'Enéïde, sont étrangers à ce chef-d'œuvre.

Même argument à tirer de la *Jérusalem Délivrée*, du Tasse. Cette Ville, enlevée aux Sarrasins par les Chrétiens, est tombée depuis au pouvoir des Turcs; ce qui n'empêche point que le Tasse n'ait fait un très-beau Poëme, d'une délivrance passagère. Où finit l'action d'un Poëme, là, finissent ses rapports obligés avec l'Histoire. Si dans Athalie, le Spectateur ou le Lecteur allait penser à l'ingratitude future de Joas, rétabli sur le Trône, il serait impossible de s'intéresser à son rétablissement.

B 2

Que Jules-Céſar, pluſieurs années après la mort de Caton, ait affecté le deſpotiſme; cela, je le répète, eſt indifférent à mon ſujet. Il me ſuffit que Caton, en mourant, ait raiſonnablement pu ſe flatter d'avoir aſſuré la liberté de Rome.

Il me reſte à faire obſerver que MM. les Comédiens Français m'avaient invité à leur faire connaître mon *Caton d'Utique*, par une lecture qui devait ſe faire dans une de leurs aſſemblées. Tout ſemblait diſpoſé pour cela. Ils paraiſſaient même généralement être dans l'intention de mettre mon *Caton* ſur la Scène, même avant la repriſe de mon *Ajax*, laquelle, comme on ſait, vers le tems de celle de *Briſéïs*, fut annoncée dans les Papiers périodiques. Mais j'ai réfléchi qu'un ſujet auſſi auſtère, auſſi ſtoïque & auſſi inſolite ſur notre Théâtre, que la *Mort de Caton*, de la manière dont j'ai cru devoir la traiter, ne pouvait pas manquer de gagner à ne paroître ſur la Scène, qu'après avoir ſubi le jugement du Public, & le grand jour de l'Impreſſion.

Le Spectateur qui ne ſe trouvera aux repréſentations de ma Pièce, qu'après avoir

lu cet *Avant-Propos*; c'eſt-à-dire ; après avoir
en quelque ſorte , diſcuté tranquillement
avec moi les points d'objections qu'on peut
me faire, & que je m'attache à y combattre,
me jugera, ſans contredit, avec une critique
plus ſûre , un diſcercement plus éclairé , un
préjugé plus favorable.

PERSONNAGES.

CATON D'UTIQUE.

PORCIE, fille de Caton.

TULLIE, fille de Cicéron.

BRUTUS.

JULES-CÉSAR, Dictateur.

MARC-ANTOINE, Lieutenant de César.

SCIPION, jeune Général du parti de Pompée.

JUBA, Roi de Numidie.

LE PRINCE JUBA, fils aîné du Roi Juba.

LE PRINCE IARBE, frère puîné du Prince Juba.

EROX, Esclave de Caton.

UN PRÉFET des Troupes.

TROUPES Pompéïennes.

TROUPES Césariennes.

LE GRAND-PRÊTRE de la Colonie.

PRÊTRES ET PRÊTRESSES de l'Hymen.

CORTÈGE de la pompe sacrée.

JOUEURS ET JOUEUSES d'instrumens.

PÉTRÉIUS, Capitaine Pompéien. (*Il ne figure qu'en récit*).

UN TRIBUN Militaire.

FAUSTUS, affranchi de Brutus.

CIMBER, Préfet des portes *Polygèthes*, ou consacrées aux réjouissances.

VESTALES.

UNE VOIX, une seconde voix, une troisième voix.

GLADIATEURS.

LICTEURS.

MINISTRES des Funérailles.

La Scène est à Utique.

*L*e lieu de la Scène remplit exactement la règle de l'unité de lieu. Destiné à une action très-variée, & à de grands mouvemens, il est fort espacé. Au côté droit, à l'égard des Spectateurs, est une grotte, dont on ne voit que l'entrée. Suivent plusieurs obélisques, dont le plus proche & le plus apparent, est celui d'A-ristippe. Suit un bois consacré à Pluton, puis un obé-lisque, puis une route publique. C'est par-là que les troupes de Jules-César défilent sur la Scène. Passé cette route, se présente de biais l'entrée du Temple de l'Hymen, qui n'occupe qu'un tiers du fond de la Scène. La ville d'Utique, occupe, par la projection de ses remparts, tout le côté gauche du Théâtre, à l'égard du Spectateur ; & tout le retour du fond, jus-qu'au Temple de l'Hymen. Ce côté gauche commence par un Autel, & une Statue de Vesta.

L'inscription de l'Autel, porte :

VESTÆ UTICENCI
EREXIT
CNÆUS POMPEIUS SEXTUS,
MAGNI FILIUS,
CONSULARIS.
ANNO U.C.
DCC. VI.

Suit la Statue (1) *& l'Autel de la liberté.*

---

(1) *Le costume de cette Statue, doit être, à l'égard de la tête, le* chapeau viril, à bords rabatus, *symbole de la liberté. Sa stole,*

L'infcription de l'Autel, eft :

LIBERTATI PUBLICÆ
EREXIT
M. PORCIUS CATO, PRÆTOR
UTICÆ.
ANNO U.C.
DCC. VI.

Suivent les portes polygèthes, ou confacrées aux ré-
jouiffances. Plus loin, font d'autres portes. Suivent
des remparts nuds (1) *, qui font tout le circuit de la*
Scène, jufqu'au Temple de l'Hymen, & qui font en-
tremélés de tours. On n'apperçoit que dans le loin-
tain, le haut de quelques édifices.

---

ou robe, doit, au moyen d'une ceinture, être retrouffée juf-
qu'aux genoux. La Déeffe doit, d'une main, tenir une épée nue;
& de l'autre un foudre, à coté duquel s'élève du piédeftal, & à
demi-corps, une Euménide ou Furie, dont le regard & l'attitude
annoncent qu'elle eft la gardienne de ce foudre, qui doit être doré,
à l'imitation du foudre de Jupiter Capitolin. Des cafques, des
lances rompues, en ex voto, ornent les deux pans vifibles du
piédeftal de la Statue. La plate-forme de l'Autel eft terminée aux
quatre coins en forme de lance, à l'un defquels Erox, au troi-
fième Acte, fufpend fon poignard, à l'aide d'une chainette adap-
tée au manche, & marque caractériftique des poignards, qu'on
tolérait autrefois aux efclaves à la fuite de leurs maîtres.

  (1) *Ces remparts nuds, felon l'exigence de l'action, fe trouvent*
couverts de Spectateurs & de Soldats.

CATON D'UTIQUE,

TRAGÉDIE.

ACTE PREMIER.

SCENE PREMIERE.

LE ROI JUBA, LE PRINCE JUBA, LE PRINCE IARBE.

LE ROI JUBA.

APPROCHEZ-VOUS, mes fils ; l'intérêt de l'Afrique
Vous raſſemble avec moi ſous les remparts d'Utique.
Je prétends avec vous, concerter des deſſeins ,
D'où dépend notre ſort & celui des humains.
Prêtez tous deux l'oreille aux volontés d'un père.
Mais parlez ; votre zèle eſt-il prêt à tout faire ?
Juba , deux fils vivans , manquerait-il d'appui ?
Eſt-ce au ſang d'Iarbas , que je parle aujourd'hui ?

LE PRINCE JUBA.

Le sang de Jupiter est digne de sa source,
Seigneur; de vos succès, suivez la noble course.
Sous quel astre inconnu, dans quels lointains climats,
Vos enfans craindraient-ils d'accompagner vos pas?
Ah! si l'heureux Juba, cinq ans avant son frère,
Prouva dans les combats, qu'il vous avait pour père;
Le croyez-vous, Seigneur, aujourd'hui moins jaloux
De soutenir son droit en s'immolant pour vous?
Prononcez donc, grand Roi, que faut-il que je fasse?

LE PRINCE IARBE.

J'ignore le projet qu'à conçu votre audace;
Mais quelque soit, Seigneur, ce généreux dessein,
J'ai même droit qu'un frère, à vous prêter ma main.
Juba m'oppose en vain l'ordre de la naissance;
Mon courage indigné, franchit cette distance:
Et s'il faut aujourd'hui, seconder vos travaux,
Attendez-vous, Seigneur, à voir deux fils rivaux.

LE ROI JUBA.

Rivalité bien douce, & que je vois en père!
Mes fils, écoutez-moi: ma Couronne m'est chère.
Je voudrais la transmettre à mon sang, à mon nom.
Le Ciel m'en est témoin, j'ai cette ambition;
Et c'est avec mépris que je verrais le Trône,
La pompe, la grandeur, l'éclat qui l'environne,
Si je ne présumais vous laisser à tous deux,
Tout ce qu'un Diadême a de droits glorieux.

Quel fruit me revient-il d'une fatale guerre?
C'est pour vous que mon bras enfanglanta la terre.
Pour vous j'ai terraffé plus d'une légion,
Et fait mordre la poudre au brave Curion.
Un trophée érigé fur les rives du Tage,
Fera paffer ces faits, & mon nom, d'âge en âge.
Pompée en fut jaloux, & vit avec chagrin,
Un allié Numide, égaler fon deftin.
Ce grand homme écouta, d'une oreille rivale,
L'offre que je lui fis de le fuivre à Pharfale.
Je ne fais quel démon, dont le fombre flambeau,
Sur la plage du Nil lui marquait fon tombeau,
Le faifait réfifter à mon aide propice,
Et dirigeait fes pas vers le noir précipice.
Cnéus, d'un trop beau nom, jeune & foible héritier,
L'a fuivi chez les morts, fans cueillir un laurier.
Un Chef adolefcent, qui n'a que du courage,
Scipion recueillit les reftes du naufrage,
Se fouvint de quel œil Juba voit les hafards,
Et vint à mes drapeaux, mêler fes étendarts.
Conftant à fon parti comme à la République,
Le Sénat & Caton, l'ont fuivi dans Utique;
Le Sénat & Caton.... mais Caton feul, dit tout;
Lui feul dans ce grand corps confeille, agit, réfout.
Céfar le fait fi bien, que vainqueur de Pompée,
Maître de l'Univers par le droit de l'épée;
Des lauriers de Pharfale il croit perdre le fruit,
Et doute avoir vaincu, fi Caton n'eft détruit.

Voilà ce qui l'attire aux rivages d'Afrique.
Le sort de Rome ainsi, va dépendre d'Utique.
Quel parti suivrons-nous ? Mes fils, dictez la loi,
Je ne veux consulter que votre amour pour moi.

LE PRINCE JUBA.

Vous avez deux enfans ; employez leur courage ;
Mais les conseils, Seigneur, sont le fruit d'un autre âge.
Daignez-vous oublier que nous sommes vos fils ?
Comptez sur notre zèle, & peu sur nos avis.
Voici pourtant celui que je crois salutaire . . . .
Si j'osais le soumettre à tout autre qu'un père.

LE ROI JUBA.

Parlez, Prince, parlez.

LE PRINCE JUBA.

                L'ascendant des Romains,
D'un joug universel menace les humains :
Mais le joug est lui-même à la porte de Rome ;
Elle craint de passer au pouvoir d'un seul homme.
César a tout conquis, hors vous & Scipion,
Et ce Sénat Romain, dont l'âme est chez Caton.
Si César, malgré vous, soumet la République,
Ainsi que des Romains, c'en est fait de l'Afrique.
Vos palmes, vos lauriers, vont sécher sur vos pas ;
Vous recevrez la loi dans vos propres États.
Un seul jour va briser ce sceptre héréditaire ;
Et l'allié de Rome en devient tributaire.

C'eſt aſſez vous livrer à des revers certains,
Aſſez vons dévouer pour ces Républicains.
Vous avez embraſſé la plus juſte querelle ;
Mais peut-être eſt-il tems d'oublier avec elle,
Un Parti vainement approuvé par les Dieux ;
Et , l'on ne ſait pourquoi , toujours trompé par eux.
Qu'entre le Ciel & nous, la faute ſoit commune ;
C'eſt le torrent, ſuivons Céſar & ſa fortune ;
Afin que du Sénat Jule victorieux,
Vous conſerve le Trône où régnoient vos ayeux.

LE ROI JUBA.

C'eſt à vous de parler , Iarbe.

LE PRINCE IARBE.

Après mon frère ,
Je l'oſerai, Seigneur ; j'obéis à mon père.
Si nous abandonnons le parti du Sénat,
Je le veux croire , Jule aſſervira l'Etat,
Diſpoſera du globe, en vrai tyran , peut-être....
Mais alors dans Céſar je ne vois plus qu'un maître.
Qui dira que nul prix aux transfuges n'eſt dû,
Ou qui nous punira d'un ſervice rendu ;
Ainſi que d'Akhillas, l'attente fut trompée,
Lorſqu'il lui préſenta la tête de Pompee.
Qui d'ailleurs , oſerait nous aſſurer, Seigneur ,
Qu'aux Atlantiques bords , Céſar ſera vainqueur ;
Que les Dieux, à la fin , las de tant d'injuſtices ,
Au Parti vertueux, ne ſeront pas propices ?

Alors, de Scipion, de Caton, du Sénat,
Quelle grace efpérer après notre attentat?
Ainfi, la fûreté, l'honneur, la politique,
Veut que nous combattions pour les remparts d'Utique.
C'eft mon avis, Seigneur, puifque vous l'exigez.

LE ROI JUBA.

Mes enfans, á regret je vous vois partagés;
Mais de ces deux confeils un troifième peut naître.
Il m'eft venu, mes fils, il vous plaira, peut-être:
Je prévois qu'il pourra nous fauver tous les trois.
Un Dieu, fans doute, un Dieu nous parle cette fois.
　　(*Au Prince Juba.*)
Prince, à votre penchant livrez vous fans fcrupule;
Courez feul vous jetter dans le parti de Jule.
S'il eft vainqueur, mon fils, vous parlerez pour nous;
Et s'il fuccombe, alors nous plaiderons pour vous.
Embraffez-nous; partez; que les Dieux foient vos guides.
　　(*Le Prince Juba fort.*)
Mais je vois Scipion; retirons-nous.

SCENE II.

LE ROI JUBA, LE PRINCE IARBE,
SCIPION, CATON, TROUPES, PRÉFETS
DES TROUPES, TRIBUN PRÉTORIEN,
TRIBUNS MILITAIRES.

SCIPION.

Numides,
Demeurez; recevez l'adieu de Scipion.
Les marques du pouvoir vont paſſer à Caton.
Un décret eſt porté, qui m'appelle en Sicile.
Rome m'a confié cette terre fertile.
L'orage m'a jetté ſur les plages d'Atlas ;
Mais nul chef ne doit être où ſon poſte n'eſt pas.
Mon devoir me demande aux rives d'Aréthuſe ;
La ville d'Hiéron, l'antique Syracuſe,
A déjà, ſur ſes murs, placé mes étendarts.
C'eſt, ô mes Citoyens, à regrets que je parts.
Mais je laiſſe en partant un ſupport à l'Afrique :
Je confie à Caton la défenſe d'Utique.
Je mets, ſans héſiter, ſous ſa ſtoïque main,
L'élite du Sénat & du Peuple Romain.
J'eſpère en cette Troupe à Pharſale échappée ;
Et j'eſpère en Juba, l'allié de Pompée.

LE ROI JUBA.

Dites aussi le vôtre, & celui de Caton ;
N'en doutez point, Romains, je soutiendrai ce nom.
Quoique né Souverain, au Trône Numidique,
Il m'est doux de mourir pour votre République.
Au grand (1) Pompée, à vous, j'ai montré ce desir ;
Le passé vous répond ici de l'avenir.
Heureux, si les Destins, à mes vœux plus dociles,
Daignaient calmer enfin vos discordes civiles ;
Si les propices Dieux, permettaient à mes mains,
De ne plus se baigner dans le sang des Romains !

SCIPION.

Puissent-ils en effet abréger cet orage !
(*Aux Tribuns Militaires*).
Approchez-vous, Tribuns ; qu'un serment vous engage.
Il faut à votre Chef, il faut à Scipion,
Jurer de suivre en tout les ordres de Caton.

LE TRIBUN PRÉTORIEN.

Nous le jurons, Seigneur ; nous promettons à Rome,
Dont Utique, peut-être, est le dernier phantôme,
D'obéir à Caton ; de suivre les desseins
Qu'aux plaines de Pharsale ont trahi les Destins.

---

(1) Corneille fait dire à Cornélie, par son mari Pompée.

« Le Roi Juba nous garde une foi plus sincère ;
» Chez lui tu trouveras, & mes fils & ton père.
» Mais quand tu les verrais descendre chez Pluton,
» Ne désespère point du vivant de Caton.

UN

UN PRÉFET DES TROUPES.

Seigneur, l'ordre est rempli ; commandez la Revue.

SCIPION.

Cette prérogative au nouveau Chef est due.
Caton, sur ce rouleau, qu'il ne méconnaît pas,
Distribûra les prix aux plus dignes soldats.

(Scipion donne ici à Caton le bâton de commandement, autour duquel est roulée une liste, contenant le nom des Guerriers qui ont mérité des récompenses. Aussi-tôt les Licteurs quittent Scipion, & viennent se placer derrière Caton. Le Roi Juba & le Prince Iarbe vont se mettre à la tête de leurs troupes, à la suite de l'armée Romaine).

CATON, *à Scipion.*

Allez, noble Guerrier, jeune espoir de notre âge ;
Et soutenez le nom des vainqueurs de Carthage.

(Scipion se retire).

SCENE III.

CATON, LE TRIBUN PRÉTORIEN, TROUPES.

(Marche des Troupes en préfence de Caton, fiégeant fur la chaife Curule. Ses Licteurs l'environnent. Il a près de lui un Tribun debout, & une table où font des anneaux de Chevalier, des baguettes de commande-ment, des brevets, des couronnes civiques, des cou-ronnes murales & des couronnes navales. Il y a, de tems en tems, des haltes marquées par le filence des infrumens. A chacune de ces pofes, le Tribun Préto-rien qui fe tient à côté de Caton, touche un ou plu-fieurs Guerriers de fa baguette. Ces Guerriers fléchiffent un genou devant le Général, qui leur diftribue la récompenfe méritée.

MARCHE.

Première pofe.

LE TRIBUN PRÉTORIEN.

A L'ORDRE de fes Chefs docile en tous les tems,
Accius a forcé quatre retranchemens.
Sans quitter fa cuirace, il a franchi le Tage.
Chargé par Scipion d'un important meffage,
Ni fleuve, ni torrent, n'a pu le retarder.

CATON, *donnant à Accius la baguette de Centurion.*
Tu fçus bien obéir ; tu fauras commander.

MARCHE.

Deuxième pose.

LE TRIBUN.

Ces deux frères jumeaux, émules en courage,
De monter sur la brèche ont brigué l'avantage.
Byzance s'est rendue à leurs efforts heureux.

CATON.

La Couronne murale est le prix de tous deux.

MARCHE.

Troisième pose.

LE TRIBUN.

Sabinus, à lui seul, a sauvé son navire.
Il avait contre lui la flotte de Corcyre.
Son courage, son art à profiter du vent,
A fait, en sa faveur, changer l'évènement.
Cinq Aigles, par lui seul, échappent à Pharsale.

CATON.

Donnons à Sabinus la Couronne rostrale.

MARCHE.

Quatrième pose.

LE TRIBUN.

Crispus, né dans Crémone, est simple Plébéïen ;
Mais par l'âme, Seigneur, il est Patricien.
Sensible, généreux, vigilant, intrépide,
Tout affecte son cœur, & rien ne l'intimide.

Toujours, s'il faut combattre, il s'arme le premier.

C A T O N, *mettant au doigt de Crispus un anneau d'or.*

Sois déformais, Crispus, un digne Chevalier.

M A R C H E.

Cinquième pose.

L E   T R I B U N.

Ce généreux Gaulois, devant Alexandrie,
En exposant ses jours, m'a conservé la vie.
Je nâgeais dans mon sang, de glaives entouré :
De trois Prétoriens son bras m'a délivré ;
Dans le flanc du troisième il a laissé sa pique.

    C A T O N, *sortant de son siège avec empressement.*

Reçois, brave Gaulois, la Couronne civique.

(*Fin de la Marche. Caton se lève par honneur, au
moment où le Roi Juba passe en revue devant lui à la
tête des troupes auxiliaires. Ce Roi & son fils, saluent
Caton de la pique ; & le Porte-Etendart des troupes
Numides, salue du drapeau ce même Général*).

S C E N E   I V.

CATON, Suite, EROX.

E R O X.

SEIGNEUR, je vous annonce une faveur du Sort;
Deux vaisseaux Rhodiers sont entrés dans le Port.
De l'un, j'ai vu sortir votre fille, & Tullie;
De l'autre, Lentulus, Dolabella, Décie;
Vingt autres Sénateurs; & ce jeune Brutus,
Qui doit à vos leçons ses naissantes vertus.

C A T O N.

Mille graces au Ciel, Erox; qu'un sacrifice
Achève de le rendre à nos desirs propice.
Toi, cours vers Pétréïus, qui commande le Fort,
Qu'il apprenne le bien qui nous arrive au Port;
Cours aussi vers Juba, dont tu connais le zèle;
De Brutus conservé, porte lui la nouvelle.

Fin du premier Acte.

C 3

ACTE II.

SCÈNE PREMIERE.

PORCIE, TULLIE.

PORCIE.

RIEN n'est plus vrai, Tullie; abjure ton erreur;
Mes yeux l'ont reconnu.... mais plus tard que mon cœur.
C'est Brutus, Il marchait entre Aurele & Décie.
Il sortait avec eux du vaisseau l'Orythie.
Lui seul fixait les yeux de tous nos Citoyens.
C'est Brutus; car Porcie a rencontré les siens.

TULLIE.

J'excuse cette erreur; c'est l'espoir qui la cause.
Sur son charme imposteur quelle âme ne repose?

PORCIE.

Plus pur que le bonheur, & plus durable encor,
C'est le seul bien resté des biens de l'Age d'Or.

TULLIE.

Pharsale a retranché ces trop douces chimères,
Ses champs sont abreuvés de nos larmes amères.

Pharsale fut contraire, & fatale aux Vertus :
Le fer y moissonna le dernier des Brutus.
Son courage a long-tems disputé la victoire :
Mais enfin, ce Héros est mort couvert de gloire.
Nos Troupes m'ont hier confirmé ce récit.

PORCIE.

Hors sa mort, tout est vrai dans ce qu'elles t'ont dit....
Mais, Ciel ! de quel objet notre vue est frappée !

TULLIE.

Brutus !

PORCIE, à Tullie.

Voi de nous deux, voi qui s'étoit trompée.

SCENE II.

PORCIE, TULLIE, BRUTUS.

BRUTUS.

O PORCIE ! O Tullie ! O momens les plus doux !
Ne m'abusé-je point ? Est-il vrai que c'est vous ?
Tout ce que Rome admire.... & que mon cœur adore,
Se peut-il qu'à mes yeux, le Destin l'offre encore ?
Mais quels nouveaux revers auriez-vous éprouvés ?
Quoi ? C'est par des sanglots que vous me répondez !
Comment interpréter cette tristesse sombre ?
Quel nuage imprévu jette entre nous son ombre ?
Brutus revoit Porcie, & Porcie à Brutus,
En vain cherche que dire, & ne le comprend plus !

C 4

O funeste contrée, ô Pharsale fumante !
Périsse jusqu'au nom de ta Plaine sanglante ;
Où j'ai perdu tous Ceux dont l'illustre amitié,
De ce cœur tout sensible occupait la moitié !
De mes chers Citoyens tu dévores la cendre....
Après de tels regrets devais-je encor m'attendre,
Que l'atroce ascendant de ton fatal séjour,
Ainsi qu'à l'amitié, fût contraire à l'amour ?
Digne sang de Caton ! détruisez ce reproche.
Vers vous, songez-y bien, c'est Brutus qui s'approche ;
Brutus, qui dès l'enfance élevé près de vous,
Eprouva par degrés des sentimens si doux ;
Brutus, qu'en expirant, vous destina Marcie :
Qu'un regard sur l'Époux qui dut être à Porcie....
    (*A Tullie*).
Fille de l'Orateur qui charme les esprits,
De ma fidèle ardeur obtenez-moi ce prix.
Ah ! qui peut mieux que vous dissiper sa tristesse ?
Au nom de l'Amitié ! plaidez pour la Tendresse.
T U L L I E.

Quel besoin d'éloquence en faveur de tes feux ?
Pourquoi douter, Brutus, & récuser tes yeux ?
Consulte mieux les siens, ton Oracle suprême.
Eh bien ? Brutus encor, doute-t-il qu'on ne l'aime ?
P O R C I E.

Puisque l'amour, en vain prétendrait se cacher ;
Qu'au silence, tous deux, vous voulez m'arracher ;
Dans mes plus chers secrets, puisque je suis trahie,
Et par mon propre trouble, & même par Tullie ;

L'un & l'autre aujourd'hui, foyez donc fatisfaits.
Eh bien! Brutus, je t'aime encór plus que jamais.
Je goûte à te le dire une douceur extrême;
J'en attefte les Dieux, oui, cher Brutus, je t'aime.
Mais qu'en préfumes-tu, dis; & quel fol efpoir,
Même de cet aveu, pourrais-tu concevoir?
La Patrie aux abois, touche aux bords de la tombe,
Et fous l'Ambition, la Liberté fuccombe.
Rome n'eft plus qu'un nom que prononce à regret,
Quiconque a de l'État pénétré le fecret.
Pharfale a tout détruit: fous fes drapeaux profanes,
Les meilleurs des Romains ont paffé chez les Mânes.
Rien ne-peut relever le Coloffe abattu.

SCENE III.

PORCIE, TULLIE, BRUTUS. CATON,
*fans d'abord être vu, & quittant la lecture de dépêches
qu'il tient à la main.*

PORCIE.

POUR me parler d'hymen, quel inftant choifis-tu?
Comment crois-tu par moi tes offres regardées?
Va, les deuils de mon cœur corrompent ces idées.
La fille de Caton peut adorer Brutus;
Mais, par les maux publics, mes fens font combattus.]
Dis-moi comment l'amour pourrait trouver fa place
Dans un cœur accablé de l'Humaine difgrace.

Eſt-il ſaiſon d'aimer en de pareils revers ?
Suis-je à moi , quand je vois s'écrouler l'Univers ?
Je crois à ton penchant , & je connais ton âme :
Tu peux mal-aiſément, te paſſer de ma flamme.
Rappelle ta vertu , pour dompter ce tourment.
Prends ton parti , Brutus , en ce fatal moment :
Malgré tout mon amour, malgré mon trouble extrême,
Pour la dernière fois , je t'ai dit que je t'aime.

(*Ici Caton ſe montre , & ſurprend Brutus , ſe jettant*
　　　　déſeſpéré aux pieds de Porcie).

　C'eſt mon Père ! Ah ! Brutus.

C A T O N.

　　　　　　　Remettez vos eſprits.
Eſt-ce un père , un ami , qui vous rend interdits ?
Va , Brutus , cher Brutus , n'écoute pas Porcie.
J'approuve vos amours, qu'autoriſa Marcie.
Que le plus ſaint hymen vous uniſſe tous deux ;
Je veux aujourd'hui même en conſacrer les nœuds.
Sois Citoyen , Brutus ; ſois Romain ; ſois plus qu'homme ;
Et jure dans ſa main la liberté de Rome.

(*Ici , Caton prend la main de Brutus , & la met dans*
　　　　　celle de Porcie).

B R U T U S.

Je la jure à Porcie, à ſon père Caton,
Aux Brutus, mes ayeux , qui m'ont tranſmis leur nom.
Rome ! je défendrai ta franchiſe ſacrée :
Et s'il eſt un Tyran , dont l'audace abhorrée.

Affecte dans tes murs le pouvoir souverain,
Je me voue au devoir de lui percer le sein.

PORCIE.

Et moi, par un serment digne en tout de Porcie;
Moi, Fille de Caton, & Fille de Marcie,
Je me voue à Brutus; & je jure aujourd'hui,
De vivre sa Compagne & mourir avec lui.

TULLIE.

O que cette union me flatte, & sera belle!
Pour Cicéron mon père, agréable nouvelle!
Vivez & prospérez, magnanimes époux.
Que notre Liberté puisse revivre en vous!
Qu'après mille & mille ans, votre noble aventure,
Soit encor l'entretien de la race future.
Brutus est à Porcie; & Porcie à Brutus!
Ce jour aura donc vu s'allier les Vertus.
    (A Caton.)
C'est moi, Caton, c'est moi, qui suppléant Marcie,
Aux Autels de l'Hymen présenterai Porcie?

CATON.

Je sais quel intérêt vous portez à tous deux.
Je sais que leur bonheur est l'objet de vos vœux.
De ce même bonheur puisque l'aurore brille;
Fille de mon ami, je vous remets ma fille.

TULLIE.

Au sortir de mes mains, il me sera bien doux,
Seigneur, de la remettre aux mains de son époux.
Mais quelqu'un vient.

SCENE IV.

ACTEURS PRÉCÉDENS, EROX.

EROX, *à Caton.*

SEIGNEUR, dans toute la contrée ,
Vos ordres font fuivis pour la Pompe facrée.
Le Peuple , le Sénat , les Miniftres font prêts.

CATON.

Il faut, il faut, Erox , en changer les apprêts.
Dis leur ce qu'attend d'eux Rome en cette journée ;
Cours diriger leurs pas vers l'Autel d'Hymenée.

(*Erox avant de fortir de la fcène, frappe au Temple de l'Hymen. Les portes s'ouvrent ; Erox parle aux Miniftres du Temple. On apperçoit l'Autel & la Statue de l'Hymen , autour defquels font rangés des Prêtres & des Prêtreffes , occupés à parer la Statue & l'Autel de feftons. L'Hymen tient un flambeau allumé*).

TULLIE, *s'approchant de l'Autel de l'Hymen.*

Hymen , toi dont le joug eft étranger pour moi ,
J'amène à tes Autels , je range fous ta loi ,
Celle qu'à l'amitié , va dérober ta flamme ;
Celle enfin , avec qui je ne fefais qu'une âme.

Répands fur leurs liens, que tu vas confacrer,
Un bonheur, qui pour eux, puifle toujours durer.

(Ici Tullie prend des mains d'une Prêtreffe, une guirlande ;
elle en pare la Statue de l'Hymen).

Souffre , propice Hymen, que ma main te décore.
En fefant leur bonheur , tu fais le mien encore.

CATON.

Il eft enfin venu, l'inftant que j'attendais,
Et que hâtaient mes vœux pour ces deux chers objets.
Nature ! c'eft ici que je fens ton empire.
Verfe en mon cœur ton charme & ton heureux délire.
J'éprouve qu'en dépit des ftoïques vertus,
De l'homme, en ces momens, tous les fens font émus.
Oui, ce jour fortuné comble mon efpérance....
Mais la Pompe facrée , à nos regards s'avance.

SCENE V.

ACTEURS PRÉCÉDENS. LE GRAND-PRÊTRE D'UTIQUE, PRÊTRES ET PRÊTRESSES DE L'HYMEN. CORTÉGE.

(*Détachement de Guerriers Romains & Auxiliaires pré-cédés de trompettes & de cymbales ; la marche de ce Détachement est fermée par trois Prêtresses , dont l'une présente à Caton , l'autre à Brutus & à Porcie , une couronne d'épis dorés. La troisième présente à Tullie une couronne de jasmin. Ici cessent les trompettes & les cymbales , succéde une marche lyrique de Joueurs & Joueuses d'instrumens ; tels que flûtes , hauts-bois , luths & tambourins , lesquels précèdent un Détachement de Jeunesse Romaine de l'un & de l'autre Sexe. Suit immédiatement la marche des Prêtres & Prêtresses de l'Hymen. Caton tenant par la main Brutus , & Tullie tenant par la main Porcie , se rendent à l'Autel de l'Hymen , en passant entre les deux lignes , sur les-quelles se range toute la Troupe couronnée de fleurs).*

TULLIE, *en présence de l'Autel.*

O MON père! ou plutôt, père de la Patrie !
Dont le nom se prononce avec idolâtrie,

Dont la propice voix de Rome extermina
Les Verrès, les Manlie (1) & les Catilina !
Je crois pour les Romains, je crois plus faire encore,
En livrant à Brutus l'épouse qu'il adore.
Brutus ! chère Porcie ! agréez mes souhaits :
Que les Dieux sur vos jours épuisent leurs bienfaits.

LE GRAND-PRÊTRE.

Hymen, de tous les Dieux, le plus propice à l'homme ;
Hymen, en ces momens, dernier espoir de Rome ;
Souffre qu'à tes Autels, conduits par les Vertus,
Viennent se présenter & Porcie & Brutus.
(*Le Grand-Prêtre enveloppe d'un même feston, la main
de Brutus & celle de Porcie*).
Consacre ce lien. De leur race féconde
Fais sortir les soutiens, ou les vengeurs du Monde.

BRUTUS, *mettant un anneau au doigt de Porcie.*

Je jure à ma Porcie une éternelle foi.

PORCIE.

Je jure à mon Brutus, l'amour.... qu'il a pour moi.
Oui, pour toi, je renonce à la Nature entière :
Et lorsque le trépas fermera ta paupière,
La même heure, Brutus, viendra clore mes yeux.

LE GRAND-PRÊTRE.

Songez à vos sermens, ils sont connus des Dieux.

———————————————————

(1) Lucius-Manlius (d'autres l'appellent Caïus-Mallius) fut le
principal complice de Catilina, & périt avec lui les armes à la main,
dans le combat mémorable où les troupes rebelles furent défaites
par Marcus-Pétréïus, le même Personnage dont il est question à la
fin du premier Acte, & vers la fin du cinquième.

Pour mieux, de leur accueil, voir l'offrande fuivie,
Miniftres des Autels, écartez tout impie.

(Tullie préfente un gâteau à chacun des deux époux,
qui les vont pofer fur l'Autel. Enfuite Brutus prend la
coupe facrée remplie de vin, & en fait une libation à
l'Hymen ; puis, il en boit une partie. Porcie fuit fon
exemple).

BRUTUS.

Flambeau vivant, Hymen, fource de notre fort,
Toi feul, entre les Dieux, tu rejettes la mort.
Tu profcris l'appareil d'une pompe fanglante.
De miel & de froment, ton culte fe contente.
Germe de l'Univers, lien des Nations,
Reçois ce pur hommage, & ces libations.

LE GRAND-PRÊTRE.

Ciel! ô Ciel! qu'ai-je vu? Quels prodiges funeftes!
Le feu, de cette offrande abandonne les reftes.
Ces feftons font flétris; l'antre facré s'eft plaint:
Et le flambeau d'Hymen, s'eft de lui-même éteint.

TULLIE.

Dieux! quels malheurs pour eux, faut-il que j'envifage?

CATON, *à Brutus en lui ferrant la main.*

Va; fervir fon pays, c'eft toujours bon préfage.

SCENE VI.

S C E N E   V I.

ACTEURS PRÉCÉDENS, UN TRIBUN MILITAIRE.

LE TRIBUN.

LA flotte de César touche aux bords Libyens,
Seigneur.

CATON, *fermement.*

Suis moi, Brutus.

BRUTUS.

Aux armes, Citoyens !

*(Caton & Brutus déposent leurs couronnes de fête sur
l'Autel de l'Hymen. Autant en font les Guerriers qui
ont assisté à cette pompe. Le beau-père & le gendre, à
qui le Tribun présente leurs casques & leurs boucliers,
se mettent, l'épée à la main, à la tête de ces Guerriers,
& de tous ceux qui accourent à leur rencontre. Brutus,
en partant, confie à Tullie sa chère Porcie, qui est
reconduite dans la Ville par la pompe sacrée, au son
des instrumens de joie ; tandis que, d'autre part, on
entend retentir la trompette guerrière).*

Fin du second Acte.

D

ACTE III.

SCENE PREMIÈRE.

TULLIE, PORCIE.

PORCIE.

TULLIE, il est trop vrai, César a la victoire.
Nous n'avons, du combat, obtenu que la gloire.
Arrogant, & plus fier de ce qu'il a perdu,
Sur ces bords indignés, César a descendu.
Ici comme à Pharsale il triomphe de Rome.
Déjà ses légions ont rempli l'hippodrome.
Les vois-tu s'avancer ?

TULLIE.

      Et je vois d'autres parts
Juba, Caton, Brutus, qui couvrent nos remparts.

SCENE II.

TULLIE, PORCIE, CATON, BRUTUS,
CÉSAR, MARC-ANTOINE, LE ROI
JUBA, Troupes Pompéiennes et
Auxiliaires, Troupes Césariennes.

CATON.

Accourez, accourez, troupes de la Patrie.

BRUTUS.

Volons la secourir ; nous lui devons la vie.

CATON.

Vous défendez ici, vos femmes, vos enfans.

BRUTUS.

Romains, vous combattez pour chasser les tyrans.
Contre un nouveau Tarquin, c'est Brutus qui vous guide.

LE ROI JUBA, *aux Auxiliaires.*

Ardent Maurusien, indomptable Numide,
Marchez sous ce drapeau : reconnaissez le bras
Qui vous a si long-tems guidés dans les combats.
Remarquez ce panache, & songez à l'épée
Qui fut l'effroi du Tage & l'appui de Pompée.

CÉSAR.

Suivez, amis, suivez l'étoile des Césars ;
Forcez ces bataillons ; renversez ces remparts.

Combattez, vous vaincrez. La victoire profpère,
Aux armes de Céfar : ne fut jamais contraire.
Rien ne peut enlever cette palme à vos mains.
Marche, Antoine ; chargeons.

(Ici les deux armées s'ébranlent).

TULLIE.

Arrêtez.

PORCIE.

Inhumains !

TULLIE.

L'aigle à l'aigle oppofée ! O trifte République !

PORCIE.

Quoi ? pères contre enfans, & Rome contre Utique !

TULLIE.

Ni les égards du fang, ni ceux de l'amitié,
Ne laiffent dans vos cœurs, d'accès à la pitié !

PORCIE.

Toi, Céfar, des Gaulois ; toi, le vainqueur fublime ;
Tout couvert de lauriers, te fouiller par un crime !

TULLIE, à Caton.

Et toi, ftoïque fage, oracle des Romains,
Que fait ce glaive impie en de fi pures mains ?
Veux-tu par ton exemple autorifer l'outrage,
Légitimer la guerre, & confacrer fa rage ?

CATON.

Céfar feul eft impie, & Caton ne l'eft pas,
S'armant pour repouffer de facrilèges bras.

TULLIE, *à Caton.*

Des meurtres terniraient tes vertus magnanimes !

CATON, *montrant César.*

La faute en est aux Dieux, qui protègent ses crimes.

CÉSAR.

Caton me force donc à me justifier ?
J'y consens, & mets bas les armes le premier.
Antoine, tu m'entends ; qu'on s'éloigne au rivage.
J'accorde un jour de trève, & je m'en rends l'ôtage.

(*Antoine se retire avec les troupes Césariennes*):

CATON.

Rentrez, Guerriers ; César veut traiter avec moi.
Entre hommes tels que nous, il suffit de leur foi.

SCENE III.

CÉSAR, CATON.

(*Quatre Licteurs seulement au fond de la scène, dont deux du côté de Caton, & deux du côté de César*).

CÉSAR.

DE quoi m'accuses-tu ?

CATON.

Quoi ! César le demande ?

CÉSAR.

César est innocent.

CATON.

Ton assurance est grande.

D 3

CÉSAR.

Quand les Dieux m'ont abſous, Caton vient me juger,
Sans doute , il a le droit de beaucoup s'arroger.
Il ſe fait mon arbitre . . . . & j'y ſouſcris ſans peine.

CATON.

Laiſſe-là les détours d'une éloquence vaine.
Diſculpes-toi , Céſar , dans l'eſprit de Caton.
Apprends-lui de quel droit , & par quelle raiſon ,
Rome n'a plus de Loix que celles que tu portes ;
Pourquoi tes Lieutenants ont inveſti ſes portes.
Rentre dans le devoir : ſois juſte & Citoyen ;
Nul cœur n'eſt à Céſar , plus acquis que le mien.

CÉSAR.

Sur quoi juge Marcus , que le moindre courage ,
Ne ſerait pas jaloux d'un ſi noble avantage ?
Te crois-tu donc aux tems des Carbon , des Cinna ?
Ou , confonds-tu Céſar avec Catilina ?
Que craint Rome de moi ? Si j'ai tiré l'épée ,
C'était pour l'affranchir du pouvoir de Pompée.
Toi-même , que fais-tu ſous les drapeaux de Mars ?
Comment un Sage eſt-il l'appui de ces remparts ?
Va , nous ne ſommes rien : mais l'intérêt de Rome
Fait de nous un Caton , Céſar , ou tout autre homme :
Il faut affranchir Rome , & c'eſt là mon objet.

CATON.

Nous avons donc tous deux conçu même projet.

CÉSAR.

Je t'entends; mais aussi faut-il que tu m'entendes.
Le projet est rempli, souscris à mes demandes.
J'ai mis sous mon pouvoir, & la terre & les mers;
Et, toi seul excepté, j'ai dompté l'Univers.
Oui, toi seul entretiens les publiques allarmes;
Et le Monde est en paix, si tu poses les armes.

CATON.

Garantis Rome libre, & je les poserai.

CÉSAR.

Je partage avec toi cet intérêt sacré.
La folle ambition n'a sur moi nul empire.
La liberté de Rome, est le but où j'aspire.
Je n'enchaînerai point la Patrie à mon char;
Je te le garantis.

CATON.

Dois-je en croire César?

CÉSAR.

Pourquoi douterais-tu que Jules ne fût homme,
A dédaigner l'honneur de rentrer Roi dans Rome?
Est-ce un si grand effort, dis, Caton, le crois-tu,
Que d'épargner le joug au Citoyen vaincu?
Et ce qu'a fait Sylla, Dictateur sanguinaire,
César, plus généreux, ne le saurait-il faire?
Je ne laisserai point mon ouvrage imparfait;
Oui, Romains, vous serez libres, par mon bienfait

C'eft l'efpoir glorieux que j'ofe me permettre.
Mais pour tout affranchir, il me faut tout foumettre.
Utique, tu le fais; Utique dans tes mains
Eft le dernier obftacle à mes nobles deffeins.
Franchir cette limite, eft le point néceffaire;
Et Céfar n'a rien fait (1), tant qu'il lui refte à faire.
Partageons entre nous le plus digne laurier:
Du falut des Romains, applanis le fentier.

CATON.

Et tu veux que Caton défarmant fes Cohortes,
Te livre cette Ville, & t'en ouvre les portes?

CÉSAR.

Ce que je te demande, eft tout en mon pouvoir.
Confulte cet écrit.

CATON, *prenant l'écrit.*

Que me fera-t-il voir?

CÉSAR.

Qu'on te trahit, Marcus; qu'une ligue couverte
Prend parti pour Céfar, & confpire ta perte.
L'infidèle Bourgeois m'appelle dans fes murs.
Le fort t'a débauché tes appuis les plus fûrs;
Cinq cents Prétoriens, trois cohortes entières;
Des deux fils de Juba, l'aîné fuit mes banières.

---

(1) *Nil actum reputans fi quid fupereffet agendum.*

LUCAN. Pharf.

CATON, *après un court silence, & rendant l'écrit à César*
Que me conseilles-tu ?

CÉSAR.
De t'en remettre à moi ;
Et de livrer Utique, & ta Rome, à ma foi.
Tu réfléchis, Caton ?

CATON.
J'ai réfléchi, sans doute.
(*A part.*)
Grands Dieux ! vous m'inspirez, & c'est vous que j'écoute
(*A César.*)
Dictateur, tu promets de déposer ton rang,
Et que dans Rome entré, vainqueur & triomphant,
Des Gaules, des Germains, des plages Britanniques,
Tu vas faire cesser les allarmes publiques ;
Que tu feras aimer ta gloire & ton grand nom ?
Tu le promets, César ?

CÉSAR.
Je ferai plus, Caton,
(Car j'apperçois ici la Déïté d'Utique,
Et celle encor de Rome & de la République ;)
(*Ici, César étend sa main sur l'autel de la Liberté*)
« César, Caton présent, t'atteste, ô Liberté !
» Qu'aux franchises de Rome, il n'a point attenté ;
» Qu'il nourrit pour tes droits, l'intérêt le plus tendre ;
» Et qu'il ne s'est armé, qu'afin de te défendre.
(*A Caton.*)
Oui, Marcus, sois d'un doute à jamais délivré ;

» Je jure, à cet Autel, par tes mains confacré,
» Par ce foudre vengeur, & par cette Euménide,
» Qui d'un œil fi farouche, à fa garde préfide;
» De dépofer dans Rome, au Temple de Janus,
» L'appareil des faifceaux, à regret retenus;
» D'abdiquer tout pouvoir, & de ne le reprendre,
» Que quand ce fera toi qui viendra me le rendre ».
Qu'exiges-tu, Marcus, après un tel garant?
Te faut-il plus?

CATON.

Ceffons l'effufion du fang.
Quand l'ombre defcendra du fommet Atlantique,
Ta pacifique armée entrera dans Utique.

CÉSAR, *avec tranfport.*

Le voilà donc, l'inftant que j'ai tant defiré;
Le voilà, ce bonheur, où j'ai tant afpiré.
La fublime entreprife eft enfin confommée:
La porte de Janus, par moi fera fermée.
J'aurai fçu triompher du monde, des Romains.
Pour comble de mes vœux, je vais voir en mes mains,
Le meilleur Citoyen de notre République.

CATON, *froidement.*

Je t'ai dit que Céfar entreroit dans Utique.
Pour me faire obéir d'une altière Cité,
Laiffe-moi par écrit ce ferment refpecté.

(Il ordonne à l'un de fes Licteurs de faire apporter une
table & une chaife curule).

CÉSAR.

J'y consens.

CATON.

N'omets rien de ta sainte promesse....

CÉSAR.

Telle que je l'ai faite aux pieds de la Déesse.

(César fait l'écrit , puis le lui remettant).

Au moment indiqué , je reviens en ce lieu.
Adieu, mon cher Marcus.

CATON, *énigmatiquement.*

Mon cher César.... adieu !

(César sort suivi de ses Licteurs).

SCENE IV.

CATON, EROX, LICTEURS *de Caton au fond
de la Scène.*

*(Caton, après que César est parti, tire ses tablettes, &
s'asseoit pour écrire).*

EROX, *à part.*

Il écrit. Gardons-nous de troubler un grand homme;
Peut-être cet écrit contient le sort de Rome.
César s'est retiré ; Caton paraît serein . ...

CATON, *met l'écrit de César dans ses tablettes, les*
ferme ; & tirant son anneau pour les cacheter.

Dieux justes (1), vous devez seconder mon dessein ;
Le bien public prescrit ce qu'ici je hasarde.
Je fais tout pour le mieux, le succès vous regarde.
A l'avenir, c'est vous, qui seuls pouvez pourvoir.
Caton ne peut errer, son guide est son devoir.
Il faudra que César, de son serment s'acquitte
Qu'après s'être démis du pouvoir sans limite,
Il ne puisse jamais au faîte remonter,
Que la voix de Caton ne l'aide à s'y porter....
Rome, je saurai bien t'épargner cette crainte,
Des faisceaux de César garantir ton enceinte,
Pour jamais le tenir, l'enchaîner sous tes loix :
César fut Dictateur pour la dernière fois.
Erox, c'est toi ; tiens, prends, lis,

(Tandis qu'Erox lit :)
Et rends ces tablettes

A Cimber, le Préfet des portes Polygèthes (2).

(*Caton reprend les tablettes, les scelle de son anneau,*
& les remet de nouveau à Erox, qu'il retient au mo-
ment où il s'en va ; puis, accompagnant cette marque
d'affection du geste de la liberté, il dit :)

---

(1) *Crimen est superis, & me fecisse nocentem.*

LUCAN. Pharf. I. 2.

(2) Polygèthes, c'est-à-dire, consacrées aux réjouissances.
L'inscription de ces portes, est ; Πύλαι Πομυγηθαὶ, *Festæ portæ.*

Je t'affranchis, Erox; sois libre & Citoyen.
Dans tout le Samnium, hérite de mon bien.

E R O X.

Qui, moi? mon cher Patron! Quelle cause subite?....

C A T O N.

Prends le nom de Marcus; deviens Bourgeois Samnite.

(*Ici, Caton lui ôte son poignard, le lui remet en main;*
& lui montrant la statue de la Liberté, il ajoûte).
Suspends-là ce poignard, trop servile instrument.
(*Erox obéit, & suspend son poignard à l'Autel de la*
Liberté).
Prends l'épée ou la toge, & reviens promptement.

E R O X.

O mon Maître! O Caton!

C A T O N.

Je ne suis plus ton Maître.
Sois libre, & t'en souviens.

E R O X.

Divin Caton, peut-être
Vous allez me blâmer de quelques libertés....

C A T O N.

Sois libre, je l'ai dit; compte sur les traités:
(*Avec bonté*).
Je les remplis.

E R O X, *avec émotion.*

Seigneur, daignez lever un doute.

Qu'eft-il donc arrivé ?

CATON.

Que veux-tu que j'ajoûte ?

EROX.

Oh ! quel foupçon fatal vient ici me troubler !
Mais à votre affranchi, Seigneur, il faut parler.
N'en doutez point, il faut vous expliquer; me dire
Pourquoi je fuis Marcus, tant que Caton refpire.

CATON, avec férénité , & du ton d'une confidence
amicale.

Il ne refpire plus, que pour quelques inftans.
Va, cours; remplis mon ordre, & fois difcret.

EROX.

J'entends.

Dieux !

(Erox fait quelques pas pour s'en aller ; puis, revenant
fur ces mêmes pas, il cherche à rencontrer les regards
de fon Maître, dans l'efpoir de renouer l'entretien.
Mais voyant qu'il s'obftine à détourner de lui les yeux ,
pour les fixer vers l'obélifque d'une tombe, il s'éloigne
en pleurant, & va remplir fon ordre).

SCENE V.

CATON, LICTEURS, *au fond de la Scène.*

CATON.

Un charme secret, vers ce marbre m'attire;
C'est l'asyle d'un sage.... Aristippe!... Il faut lire:
(*Caton lit*).
« L'âme est un feu sacré, souffle émané des Dieux,
» Qui n'est point limité par la Terre ou les Cieux!
» Qui nous a précédés, qui nous survit encore.
Ineffables clartés! Vérités que j'honore!
» Par le Génie admise aux Célestes concerts,
» Sa vaste Intelligence embrasse l'Univers.
» Dans ton Empire, ô Mort! elle n'est point comprise.
» Sur les Etres divins les Tems n'ont point de prise.
» Le corps est la prison qui l'attache aux bas lieux.
» De sa chaîne échappée, elle retourne aux Dieux.
» C'est-là qu'elle est heureuse, & de tous soins guérie.
» La Terre est son exil, & le Ciel sa Patrie ».
Aristippe a dit vrai.... Que me veux-tu, Faustus?

SCENE VI.

CATON, LICTEURS, FAUSTUS.

FAUSTUS.

SEIGNEUR, je viens à vous par ordre de Brutus.
Sans qu'on sache d'où naît l'allarme qui nous presse,
Le feu s'est déclaré près de la Forteresse.
Tandis que de ce lieu, Pétréius l'écartait,
Vers le Temple de Mars, sa fureur s'étendait.
Les flammes ont atteint le quartier d'Andromède.
Vous voyez leurs progrès.

CATON, *sans s'émouvoir.*

Apportons-y remède.

(Caton, ses Licteurs & Faustus, rentrent dans Utique
d'où s'élèvent des flammes & une épaisse fumée. On
apperçoit bientôt sur les remparts, Caton, qui, à la
tête de quelques troupes, fait cesser l'incendie.

Fin du troisième Acte.

ACTE IV.

ACTE IV.

SCÈNE PREMIERE.

TULLIE, PORCIE.

TULLIE.

Porcie, il est donc vrai, la paix est de retour.
César, Caton, les Dieux, tout s'accorde en ce jour.
La douce Liberté s'en va nous luire encore.
Si Jule a subjugué le Couchant & l'Aurore;
A Pharsale, si Mars seconda ses drapeaux;
Si la Victoire en mer a suivi ses vaisseaux;
Quelqu'indigne soupçon qu'ait subi ce grand homme,
Qu'a-t-il fait, qu'assurer la franchise de Rome?
On en douta long-temps; il le prouve aujourd'hui;
Et s'il a triomphé, ce n'étoit pas pour lui.

PORCIE.

O mon unique espoir, dirai-je ma chimère?
Déité de mon cœur, Liberté toujours chère;
Idole des Romains, objet de tous leurs vœux,
Sans qui Brutus, ni moi, ne saurions être heureux;

E

Quand pourrai-je, rendue aux bords facrés du Tibre,
Embraſſer ton image, & me croire encor libre?

T U L L I E.

Tu l'es, chère Porcie ; & ce boaheur ſi grand,
Ceſar en eſt l'auteur, ton Père le garant.
Applaudis au traité qu'ils viennent de conclure ;
Ceſar doit abdiquer faiſceaux & Dictature ;
Sur l'Univers vaincu, renoncer à ſon droit.
Tu doutes d'un tel bien ! Ton époux même y croit.

S C E N E I I.

TULLIE, PORCIE, EROX, vêtu en Citoyen Romain.

P O R C I E.

QUE vois-je ? Erox eſt libre !... & cependant ſon âme
Semble au plus noir chagrin s'abandonner....

E R O X.

Madame !....
Mais que vous dire, ô Ciel ! & par où commencer ?

P O R C I E.

Tu me glaces d'effroi.

E R O X.

Comment vous annoncer
Que demain..... qu'aujourd'hui, vous n'avez plus de père ?

PORCIE.

Plus de père, grands Dieux!

TULLIE.

Eh! quel bras téméraire,

Ennemi de l'Etat & de tout Citoyen,
Aux jours du grand Caton peut attenter?

EROX.

Le fien.

C'eft fon ardent amour pour notre République;
D'affranchir les Romains c'eft l'efpoir héroïque,
Un ftoïque tranfport, un excès de vertu,
Qui nous privent de lui.

PORCIE.

Que nous révêles-tu?

EROX.

Ce qu'il m'eft vainement ordonné de vous taire.
Caton a décidé, (puiffe le Ciel profpère,
Pour le bonheur de Rome, écarter ce deffein!)
Caton a réfolu de fe percer le fein.

PORCIE.

Courons, Tullie; il faut parer ce coup funefte.

EROX.

Hâtez-vous, croyez-moi, bien peu d'efpoir nous refte.
L'aftre du jour décline, & je crains pour la nuit.

PORCIE.

Dis, ne nous cache rien; Brutus eft-il inftruit

E 4

De ce fatal secret, dont mon âme éperdue ...

E R O X.

Il fait tout ; mais Caton a soin de fuir sa vue.

P O R C I E.

Il craindra donc la mienne.... Accompagne mes pas.
Tullie, un seul instant, ne m'abandonne pas.

S C E N E   I I I.

E R O X, *seul.*

O JUPITER sauveur ! antique appui de Rome ;
Toi, qui la protégea sous son premier grand Homme,
Tourne encore un regard sur tes Républicains ;
De tout Catilina confond les projets vains.
Souviens-toi de Tarpée, & des fêtes Sabines,
Des triomphes Véïens, des victoires Latines ;
De Brennus, Annibal, & Jugurtha vaincus ;
De Mithridate même, & Pyrrhus abbatus ;
Défends ton Capitole, & les bois d'Egérie ;
Et fais vivre Caton, pour sauver la Patrie.
Mais j'apperçois ce Sage, & Brutus avec lui.

SCENE IV.

CATON, *sans Licteurs*, BRUTUS, EROX,
autrement MARCUS.

CATON, *à Erox.*

MARCUS, j'ai de moi-même, à me plaindre aujourd'hui.
Je t'ai cru mon ami, j'ai compté sur ton zèle.

BRUFUS, *à Caton.*

Oses-tu le blâmer d'avoir été fidèle ?

CATON.

L'oses-tu soutenir fidèle à son secret ?

BRUTUS.

Il craignait trop les Dieux, pour te rester discret.
(*A Erox à part*).
Eloigne-toi, Marcus, & néglige un reproche,
Qui de ma tendre estime, à jamais te rapproche.
Va me chercher Tullie & Porcie.

EROX.

Il suffit.

SCÈNE V.

CATON, BRUTUS.

BRUTUS.

CATON, quoi! l'on m'a fait un sincère récit?
Au moment où par toi Rome à la fin respire,
Où sur les Nations tu lui rends son empire,
Où tu fais triompher le plus juste Parti,
Où des fers de César, le Tibre est garanti;
Où nous recouvrons tous la liberté chérie;
Tu fais l'affreux complot d'abandonner la vie!

CATON.

Quelque soit ce projet, crois-tu le déranger?
Tu parles à Caton, & prétends le changer!

BRUTUS.

O déplorable erreur de la Secte stoïque!
Quoi? l'amour qu'un Romain doit à sa République;
Quoi? les liens du sang, l'amitié même enfin,
Ne pourront ébranler un si fatal dessein?

CATON.

Je respecte les noms qu'a fait valoir ton zèle.
Oui, Rome, parenté, tendresse paternelle,
A mon oreille, ici, ne sont pas de vains sons.
Mais sans y recourir, combats-moi de raisons.

Prouve-moi que ma mort ne foit pas néceffaire.

B R U T U S.

Prouve qu'à la Patrie elle foit falutaire.

C A T O N.

Je m'en flatte, Brutus, & c'eft ce noble efpoir,
Qui de finir mes jours, me fait un doux devoir.
Ma mort fera le fceau du traité pacifique,
Qui vient de garantir la Liberté publique.
Ce qu'a promis Céfar, il le tiendra....du moins,
S'il y manquoit, mes yeux n'en feront pas témoins.
Mais il craindra, crois-moi, de parjurer ma cendre;
Et cette même tombe où je m'en vais defcendre,
Sur lui, fur fes fermens, fur fes projets divers,
De tous nos Citoyens tiendra les yeux ouverts.
Ainfi, même en mourant, utile à ma Patrie,
J'aurai vu couronner les travaux de ma vie;
Et jamais, fans mon nom, le mot de Liberté,
Par les âges futurs ne fera répété.

B R U T U S.

Et tu penfes, Caton, que je vais te furvivre?
Non, non; dans le tombeau Brutus prétend te fuivre:
Et jufque chez les morts ardent à t'imiter,
Il n'aura pas l'affront d'avoir pu te quitter.
Quel Romain par ta mort, voudrait même être libre?
Qui, moi? revoir fans toi l'Apennin & le Tibre?
Cherche, cherche, Caton, quelqu'autre que Brutus,
Pour jouir de tes dons, quand tu ne feras plus.

E 4

Je mêlerai ma cendre à celle d'un grand homme.

CATON.

Toi , songer à mourir! Es-tu quitte envers Rome ?
Tu n'es qu'à ton aurore , & te crois au déclin !
Tes travaux , quels sont-ils ? Le nombre en est-il plein
D'un faux orgueil, ton âme est ici prévenue;
Et l'heure de Brutus n'est pas encor venue.
Tu rapproches la borne! elle est bien loin de toi.
Obéis aux Destins dont tout subit la loi.
Remplis de longs devoirs , la tâche en est prescrite ;
Et pour quitter un poste, il faut être Émérite.
Tes services naissans sont encor au berceau ;
Il n'est pas tems , Brutus, d'éteindre le flambeau.
C'est à toi de veiller sur notre République ;
Et tu n'es pas Caton , pour être dans Utique.
Parmi nos apprentis, Pharsale t'a reçu ;
Pharsale est ton école , & tu n'as pas tout vu.
Jeune présomptueux, quitte une folle envie;
Supporte , malgré toi , le fardeau de la vie.

SCENE VI.

TULLIE, PORCIE, BRUTUS, CATON.

TULLIE, *à Brutus.*

CASSIUS vient foudain d'aborder dans nos Ports.
Il demande à te voir.

BRUTUS.

Quoi ? Caffius ! je fors....
Un ami m'eft rendu !... Mais favez-vous, Tullie.
Quelle perte en ce jour menace la Patrie ?
Le ftoïque Caton....

TULLIE.

Erox nous a tout dit.
Epargne-toi, Brutus, un funefte récit.

PORCIE, *à Brutus.*

Dans les bras d'un ami, goûte une douceur pure,
Et laiffe agir par nous le cri de la Nature.

SCENE VII.

TULLIE, PORCIE, CATON.

TULLIE.

PORCIE, ah! que dis-tu? La Nature!.., Non, non.
Ce sentiment ici n'est connu que de nom.
L'Ours, le Lion, le Tigre, écoutent la Nature.
Du seul Stoïcien, l'âme inflexible & dure,
Repousse les avis, est sourde à la leçon,
Et prend toujours pour guide une sombre Raison.

PORCIE.

Dans ce farouche excès où l'emporte son zèle,
O Ciel! par quel abus la vertu se plaît-elle?
Maudit, qui le premier s'égarant dans les Cieux,
Conçut l'impiété de ressembler aux Dieux;
Eut le fatal orgueil de se croire impassible;
Et crut devoir rougir, s'il se montrait sensible!

TULLIE.

Trop rigide Caton, quoi! ton cœur est d'airain!
Tu veux cesser d'être homme, afin d'être Romain!
Abjure les erreurs d'un dogme trop féroce.
Sois vertueux, Caton; mais ne sois point atroce.
Le vice & la vertu se touchent de si près!
Crois qu'on tombe dans l'un, portant l'autre à l'excès.

P O R C I E, *avec courroux.*

Et cependant , en foule on court à cette Secte!
Ton père en eft lui-même, ou , du moins , la refpecte.
Ah ! que peut donc l'efprit ? A quoi fert la raifon ,
Si l'erreur a gagné Tullius & Caton ?
(*A Caton*).
Ame à la fois fi noble & par trop endurcie,
Les voilà les revers que m'annonçait Marcie.
Hélas ! il m'en fouvient , elle me dit un jour :
« O toi, ma fille, en qui fe complait mon amour!
» A l'heure , ma Porcie, où tu verras ton père,
» Ennivré des vapeurs de la Morale auftère,
» Se faire une vertu d'anticiper la mort ,
» Et de hâter l'inftant qu'à tous garde le fort ;
» Je te plains , fi tu crois que ta bouche plaintive,
» Le fpectacle touchant de ta douleur naïve ,
» Tes pleurs , ou tes raifons fufpendront fon trépas :
» L'Univers à fes pieds ne le fléchirait pas.

T U L L I E.

Dit-elle vrai, Caton ? Que faut-il qu'elle efpère ?

P O R C I E.

Dieux ! verrai-je accomplir l'oracle de ma mère ?

C A T O N.

Porcie , épargnons-nous ces combats fuperflus.
Sois fille de Caton , & femme de Brutus.

P O R C I E.

S'il me faut perdre l'un , qu'elle rigueur funefte !

CATON.

Alors, confole-toi par celui qui te refte.
Point de larmes. Les pleurs font-ils faits pour tes yeux ?

PORCIE.

Père trop inhumain, ce font-là vos adieux !
(*A part à Tullie.*)
Quoi ! l'arme que je vois me feroit plus fatale
Que ne me l'ont été les plaines de Pharfale ?
C'eft là le fer qui doit, conduit par cette main,
Me priver de mon père, en lui perçant le fein !
Cette attente, un inftant, fera du moins trompée :
Seconde moi, Tullie ; ôtons-lui cette épée,
C'eft, peut-être, d'un jour, retarder fon trépas.

TULLIE.

Profite du moment où je faifis fon bras.

(*Porcie défarme fon père*).

CATON, *à fa fille.*

Que fais-tu ?

PORCIE.

Ce qu'il faut en de telles difgraces.
Tullie, éloignons-nous, dérobons-lui nos traces.

SCENE VIII.

CATON, *seul.*

JE ne les suivrai point, je m'en vois difpenfé
Par le poignard d'Erox, a cet Autel laiffé.

(S'adreffant à la Déeffe de la Liberté).

Liberté! de mon cœur Déeffe favorite,
D'un fer qui t'es voué, fouffre que je profite.
Si j'attente à fes droits, c'eft pour les affurer;
Ma mort, ma feule mort, les pouvait confacrer.

(Il s'empare du poignard, & l'examine avec foin).

La pointe eft à l'épreuve, & fon atteinte eft sûre.

*(Ici l'on entend les inftrumens des troupes de Céfar,
en marche).*

Céfar s'approche ; entrons dans cette grotte obfcure,
Que le fort, à deffein, femble offrir à mes yeux.

*(Entrant dans la grotte, & regardant de nouveau le
poignard).*

Voilà donc ce qui va me rapprocher des Dieux.

*(Dans l'entr'Acte, on continue d'entendre de loin, &
en crefcendo, les inftrumens des troupes de Céfar. On
finit par appercevoir fur le fond de la Scène, l'avant-
garde, qui fait halte quelque-tems).*

Fin du quatrième Acte.

ACTE V.

SCENE PREMIERE.

Marche des Troupes de César.

CÉSAR, ANTOINE, CIMBER, CITOYENS D'UTIQUE, GARDES DES PORTES, TROUPES DE CÉSAR.

(*On voit sur le Théâtre, une Statue & un Autel de Vesta. Le feu sacré brûle sur l'Autel, gardé par des Vestales. Non loin de-là, est une fontaine publique, dont l'eau est versée par une Nayade.*)

CIMBER.

Vainqueur des Nations, fier Conquérant du Monde !
Cimber met sous ta loi, le feu, la terre & l'onde.
Je t'ouvre, sans regret, l'entrée en ces États.
J'espère que César n'en abusera pas.

(*Cimber se fait donner les clefs des portes, & les présente sur son bouclier à Jules César*).

CÉSAR, *prenant les clefs, & les passant à Antoine.*

Cimber, il m'est bien doux, aux pieds des murs d'Utique,
De recevoir de toi cette offrande publique.

Moi, j'apporte la paix, & tu vois l'olivier,
Remplacer fur mon front la palme & le laurier.
Vefta, je te révère; & toi, Nayade pure,
Des Soldats de Céfar ne crains aucune injure.
Nous venons dans tes eaux fanctifier nos mains,
Que Pharfale fouilla dans le fang des Romains.
Nous venons expier des difcordes funeftes;
Du Peuple & du Sénat fauver du moins les reftes;
Dans les Temples des Dieux, fufpendre nos drapeaux;
Et faire au Laboureur reprendre fes travaux.
Utique! dans ton fein raffemble nos familles;
Rejoins le frère au frère, & le père à fes filles.
Ah! trop long-tems la guerre avait féduit mes vœux.
Combien il eft plus grand de faire des heureux!
Tous les biens de la paix précèdent mes cohortes:
A cent félicités, Utique, ouvre tes portes.
A Céfar, en ce jour, ne ferme point ton fein:
Tends-lui plutôt les bras, le Ciel fait fon deffein.
Plus de haîne entre nous. Je veux que Caton même,
Ton farouche Caton.... Eh bien! je veux qu'il m'aime.
Je voudrais rapprocher Clodius & Milon,
Lépide & Lentulus, Antoine & Cicéron;
Et m'attachant des cœurs dont l'attente eft trompée,
Une feconde fois triompher de Pompée.
Oui, je veux par mes dons, m'enchaîner Caffius;
J'en veux combler Cimber, en accabler Brutus.
Entrons, & confommons dans l'enceinte d'Utique,
Le bonheur & le vœu de notre République.

(*Céfar entre dans Utique à la tête de fes troupes, par
la porte confacrée aux réjouiffances. Cimber range fa
cohorte fur deux files, entre lefquelles paffe l'armée de
Céfar, au fon des inftrumens de paix. Cimber continue
de garder la porte en-dehors.*)

SCENE II.

CIMBER ET SA COHORTE, PORCIE, TULLIE,
PREMIÈRE VOIX, SECONDE VOIX, TROISIÈME
VOIX.

PORCIE.

Envain, à le chercher, quoi ? nous mettrons nos foins?
Tu n'as rien découvert ?

TULLIE.

        Je l'ai tenté, du moins :
Dans les murs, hors des murs, mon zèle m'a portée.
Il n'eft Temple, Palais, ni retraite habitée,
Où mes cris douloureux n'ayent appellé Caton.
Soins, pas, cris fuperflus, tout eft fourd à ce nom.

PORCIE.

Erox a-t-il dit vrai ? N'aurais-je plus de père ?....
Il me refte un efpoir ; & ce bois folitaire
A l'infernal Pluton, par les tems confacré,
Sombre afyle de Mort, des vivans abhorré,

Pour

Pour de stoïques yeux, a pu trouver des charmes,
O bois! recèles-tu l'objet de mes allarmes?
Mais de quels cris affreux Utique a retenti!

U N E   V O I X.

« O Ciel! protège enfin le plus juste parti.
» Toi, qui nous fus contraire aux bords de l'Enipée (1),
» O sort! sauve du moins ces restes de Pompée.

U N E   A U T R E   V O I X.

» Il l'abandonne. Iarbe a vu les sombres bords.

U N E   A U T R E   V O I X.

» Pétréïus & Juba sont passés chez les Morts.

T U L L I E.

Dieux!

P O R C I E.

Qu'entends-je? César infidèle à sa gloire,
Aurait-il donc flétri l'éclat de sa victoire?

T U L L I E.

Nous saurons tout d'Erox.

P O R C I E.

Ciel! qu'il paraît troublé!

---

(1) Fleuve de Thessalie, qui passe par la plaine de Pharsale.
Quand la bataille de ce nom fut donnée entre les armées Césa-
riennes & Pompéïennes, César avait à sa gauche, & Pompée à sa
droite, la rive droite de l'Enipée.
« Sanguine Romano quum turbidus ibit Enipeus!
A dit un ancien Poëte.

F

SCENE III.

ACTEURS PRÉCÉDENTS, EROX.

EROX.

O SORT cruel! ô jour de trop d'horreurs comblé!
Le calme est de retour; mais quel sang il nous coûte!

PORCIE.

Marcus, ne nous tiens pas plus long-tems dans le doute.

EROX.

La Ville est à César, le Fort seul résistait.
Le fougueux Pétréïus en ce lieu commandait.
Il prétend de Juba, qu'il révère & qu'il aime,
Traiter les intérêts avec César lui-même :
Jusques-là Pétréïus refuse d'obéir.
Antoine, impérieux, lui commande d'ouvrir.
» On va te satisfaire, à tes dépens, peut-être,
(Dit Pétréïus) » trop tôt tu crus parler en Maître.
» A moi, fiers descendans de Saturne & d'Atlas!
» Qu'on sache si Bellone a pour vous des appas.
Iarbe au même instant hasarde une sortie.
Son audace est soudain, par le fort démentie.
Frappé d'un trait mortel, il tombe au premier rang.
De sa mort, consterné le Numide inconstant,

Et se disperse, & fuit, & jette bas les armes :
Nos Romains partageant ces indignes allarmes,
Disparaissent bientôt par un conduit obscur.
Pétréïus & Juba restent seuls sur le mur.
Le Roi Numide alors prend ainsi la parole :
» D'Antoine, brave ami, l'espérance est frivole.
» Deux hommes généreux sont maîtres de leur sort.
» Faisons rougir les Dieux, en nous donnant la mort.
» C'est de toi, Pétréïus, qu'il faut qu'un Roi l'obtienne;
» Meurs de ma main, Juba veut mourir de la tienne.
Aussi-tôt, ces amis, qu'on prendrait pour rivaux,
L'un par l'autre percés, terminent les travaux
De cette guerre à Rome, au Monde, si funeste.

P O R C I E.

Poursuis ; de tels revers, Erox, dis-nous le reste.
Qu'est devenu Caton ?

E R O X.

Je le croyais, hélas !
Au Fort où Pétréïus ramenait les combats.
Je vais peut-être encor ajoûter à vos peines ;
J'ai visité ce lieu, mes recherches sont vaines.

P O R C I E.

Allons, Tullie ; il faut suivre le mouvement
Où vient de me porter un noir pressentiment.
Tournons de ce côté, parcourons ce bois sombre.
Je crains qu'au suicide il n'ait prêté son ombre.

SCENE IV.

CÉSAR, CIMBER, EROX, Suite.

CÉSAR.

Suis-moi, Cimber; de toi, je veux être écouté.

CIMBER.

Parle.

CÉSAR.

Antoine a trahi ma générosité.
Pétréïus & Juba, sans lui, vivraient encore.
Mais, où chercher Caton ?

CIMBER.

A regret, je l'ignore.
Pétréïus & Juba, qui t'ont coûté des pleurs,
Jettent sur son destin, de funestes lueurs.
A tous trois, va, crois-moi, donnons de justes larmes.

CÉSAR.

La mort, César vivant, aurait pour eux des charmes !
Si Juba, Pétréïus & Caton ne sont plus,
Que m'importait de vaincre ?.... O féroces vertus !
Cœurs farouches ! Ingrats, qui bravez ma clémence ;
Et qui ne saviez pas que je hais la vengeance !
Mais j'apperçois Brutus. Ah ! tant qu'il vit, du moins,
C'est un Romain de plus.... Triste emploi de mes soins !

Cimber, c'est là ma plaie & ma douleur secrette:
Je chéris ce Brutus, & son cœur me rejette.

CIMBER.

Ceux de son nom, jamais n'ont aimé les Tarquins.
S'il te soupçonnait tel . . . . .

CÉSAR.

Achève . . . .

CIMBER.

Je te plains.

SCENE V.

ACTEURS PRÉCÉDENTS, BRUTUS, ANTOINE,
CATON, *dans la grote.*

BRUTUS.

CÉSAR, rends-nous Caton.

CÉSAR.

Moi ! que je te le rende !

Le reproche est injuste, & l'insulte est trop grande.
Amis, est-ce par moi qu'aujourd'hui vous pleurez ?
Vous outragez César & vous le déchirez.

BRUTUS.

Erox, par toi, du moins ne peut-on rien connaître
Quels lieux à nos regards peuvent cacher ton Maître ?

F 3

A le trouver, tes foins feraient-ils impuiſſans ?
Caton eſt-il encor au nombre des vivans ?
Parle, Erox... qu'ai-je vu ? je crois ſaiſir ſa trace.
Cet antre m'eſt ſuſpect, ſachons ce qui s'y paſſe.
Des flambeaux... Citoyens, accompagnez mes pas.

(*Cimber, accompagné de flambeaux, qu'on allume à*
l'Autel de Veſta, ſuit Brutus dans la grote. Erox eſt
un de ceux, qui, un flambeau à la main, accom-
pagnent Brutus).

Viſitons ces rochers.... Je ne me trompais pas.
Dieux ! il s'eſt poignardé !

C É S A R.

La vertu, ſuicide !

B R U T U S.

O regrets ! ô douleurs ! ſiècle dur & perfide !

C É S A R.

Spectacle trop funeſte, à mes yeux préſenté !
(*A Antoine*).
Qu'on l'épargne à Porcie.

(*Antoine, à qui les Gardes des portes Polygèthes in-*
diquent de quel côté Porcie a porté ſes pas, ſe détache
avec quelques Soldats, pour empêcher qu'elle ne rentre
ſur la Scène):
A quoi t'es-tu porté,
Trop vertueux Caton, inflexible courage ?
Quel devoir forcené, quel déſeſpoir ſauvage

A pû conduire ainsi dans ton sein le poignard ?
Consens, consens, Marcus, à nous quitter plus tard.
Vis, pour revoir encor les bords heureux du Tibre.

CATON, *expirant.*

César, tu l'as juré, que Rome serait libre ?
Je meurs satisfait.

EROX.
Dieux ! il expire.

BRUTUS, *avec indignation.*

O vertu !

Prestige des grands cœurs ! dis, à quoi nous sers-tu ?
Toi, vrai bien, Déité tutélaire de l'homme ?
J'ai vu périr Caton : va, tu n'es qu'un phantôme.

CÈSAR, *à Brutus.*

Je sens ce que tu perds ; & contre un tel malheur,
En vain j'entreprendrais de rafermir ton cœur.

CIMBER, *à Brutus.*

Crois-moi, quittons ce lieu dont l'aspect te désole ;
Suis-moi, mon cher Brutus.

BRUTUS, *suivant Cimber.*
César, tiens ta parole.

Fin du cinquième Acte.

F 4

ACCESSOIRE HÉROIQUE
DU CINQUIÈME ACTE.

POMPE funèbre du Roi Juba, du Prince Iarbe, de Pétréïus & de Caton, expofés fur le même bûcher, aux quatre coins duquel font des trophées d'armes. Durant la marche, qui eft ouverte par des Pleureufes voilées, & qui fe fait au fon des inftrumens; on porte en pompe, outre quatre urnes dorées, les effigies des ancêtres, & les tableaux des haut-faits-d'armes des quatre défunts. Jules-Céfar pofe fur le front du Prince Juba, la couronne de fon père. Suit le combat à outrance, de quatre paires de gladiateurs. La cérémonie eft terminée par Céfar, Antoine, Brutus, & le Prince Juba, qui, en détournant la tête, mettent le feu aux quatre coins du bûcher.

Fin du dernier acceffoire de la Tragédie de Caton d'Utique.

REMARQUES DIVERSES
SUR LA TRAGÉDIE
DE CATON D'UTIQUE.

NOTE

Sur l'inscription de la page 5.

» *Arx infanda fuit ; tangentes fidera turres.*
» *Nunc ubi ? &c.*

Ce ne font point les fortereffes, c'eft l'amour réci-
proque du Monarque & du Peuple, qui fait le vrai rem-
part de l'État. Cette grande vérité a été exprimée au
fiècle dernier, en fix beaux vers Latins, qu'on me faura
gré de rapporter ici :

Scilicet immenfæ nec opes, nec montibus Arces
Impofitæ, portus ve, aut propugnacula vallo
Tuta, nec innumeræ peditumque equitumque Catervæ,
Sic fulcire valent folido munimine Regnum,
Ut fincerus amor, ftudiumque, & mutua amico
Quæ Regem & Populum nectit concordia vinclo.

NOTE

Sur l'Avant-Propos, p. 17.

UN *Écrivain du mérite d'ADISSON*, &c. Sa célèbre Tragédie Anglaise de *Caton d'Utique*, vient d'être très-heureusement traduite en profe Française, par M. *Antoine-Henri de Dampmartin*, Capitaine au Régiment Royal, Cavalerie. Il l'a fait imprimer à la fuite de fon eftimable Traité *de la rivalité de Carthage & de Rome*. L'un & l'autre Ouvrage fe trouvent à Paris, chez Onfroy, Libraire, rue Saint-Victor. A Strasbourg, chez Treuttel, &c.

ACTE PREMIER.

SCENE PREMIERE.

» **L**E fang de Jupiter, &c.

Tous les Rois Africains du nom de Juba, fe difaient defcendus de Jupiter par Hercules. Les autres Rois d'Afrique avoient auffi la prétention de defcendre de Jupiter; témoin le Gétule Iarbas, de qui Virgile dit dans l'Énéïde :

» *Hic Ammone fatus . raptâ Garamantide Nymphâ*, &c.

Le Monarque Juba, qui figure dans ma Tragédie, eut pour grand-père, Maffiniffa, Roi d'une partie de la Numidie, & qui rendit d'importans fervices aux Romains

dans la feconde guerre Punique. Auffi, après que Syphax eut été fait prifonnier, on alloua à Maffiniffa, tout
ce qu'il avait conquis des États de Syphax : & pour lors,
toute la Numidie fe trouva réunie fous une feule main.
Ces exploits de Maffiniffa ont été mentionnés par Ovide :

. . . . . *Vicit Mafiniffa Syphacem.*

Micipfa fuccèda à fon père Maffiniffa, & eut deux fils,
qui tous deux furent affaffinés par Jugurtha, Prince
bâtard de la Maifon Royale de Numidie. De ces deux
Princes affaffinés, l'un nommé Adherbal, ne laiffa, je
crois, aucune poftérité; mais l'autre, nommé Hiemfal,
laiffa en mourant un rejeton, qui fut le célèbre Juba,
l'un de mes perfonnages.

Juba avait en Afrique un Royaume très-étendu, &
jouiffait chez les Romains d'une haute confidération;
tant par l'affection & la fidélité de fon père, de fon
ayeul & de fon bifayeul envers la République Romaine,
que par le fecours dont il fut au Parti de Pompée. Il laiffa
un jeune fils de même nom que lui, que Céfar emmena
Captif, & qu'il fit fervir d'ornement à fon char de
triomphe; mais ce vainqueur le fit foigneufement élever
à Rome même, & le Royaume de fon père lui fut enfuite
reftitué. Ce dernier Juba fe diftingua dans prefque toutes
les parties de la Littérature. Pline, en nombre d'endroits
de fon Hiftoire Naturelle, confeffe s'être enrichi de fes
dépouilles. Ce même Juba écrivit auffi fur les Spectacles.
Tous ces Ouvrages font perdus, ainfi que ceux de Mithridate, & de la plûpart des Rois qui fe font mêlés
d'écrire.

MÊME SCENE.

» P O U R vous, j'ai terrassé plus d'une Légion ,
» Et fait mordre la poudre au brave Curion.

Quelques Critiques ont blâmé dans le second vers,
l'expreſſion de *poudre*. Ils ont prétendu qu'elle n'était
plus ſynonime de *pouſſière*, depuis l'invention de la poudre
à canon. C'eſt une objection très-erronée. Racine n'a-t-il
pas trois fois préféré *poudre* à *pouſſière*?

» Dieu parle ; & dans la *poudre* il les fait tous rentrer.
ESTHER.

» Qu'ils ſoient comme la *poudre* , & la paille légère ,
» Que le vent chaſſe devant lui.
ATHALIE.

» Vous les verrez voler plus vîte que la foudre,
» Au milieu des haſars;
» Faire ouvrir les Cités , ou renverſer en *poudre*,
» Leurs ſuperbes remparts.
La Renommée aux Muſes. ODE.

Corneille fait dire de même par Camille :

» Puiſſai-je de mes yeux y voir tomber la foudre ,
» Voir ſes maiſons en cendre , & tes lauriers en *poudre!*
CORN. les HORACE.

Quinaut , Opéra de Perſée :

» Il n'eſt point de grandeur, que le Ciel irrité ,
» N'abaiſſe quand il veut, & ne réduiſe en *poudre.*

Voltaire a également employé ſix fois pour pouſſière.

» Ce que le fer atteint, tombe réduit en *poudre*.

HEN. *CH. VI.*

» *Que* ne puis-je expirer dans Syracuse en *poudre* !

TANCREDE.

» Ces Rois ensevelis, disparus dans la *poudre*.

Orphelin de la Chine.

» Le destructeur des Rois, dans la *poudre* oubliés.

Ibid.

Jean-Baptiste Rousseau, & d'autres Poëtes de marque, pourraient encore venir à mon appui ; mais je me lasse de citer.

N. B. Toute cette discussion me rappelle, qu'un murmure obstiné me força de changer dans *Briséis*, ce vers :

» Adieu ; songe aux *sermens* que tu viens de *jurer*.

Ce ne fut qu'un cri, qu'on ne pouvait dire, *jurer des sermens*. On oubliait que Racine avait dit dans Athalie :

» En tes *sermens jurés* au plus saint de leurs Rois.

MÊME SCENE.

»' Un trophée érigé sur les rives du Tage, &c.

Ce fut vers le fleuve *Bagrada*, que se passa l'insigne victoire remportée par Juba, sur Curion. Les Priviléges de la Poësie, m'ont autorisé à transporter la scène du combat sur les rives du *Tage*.

MÊME SCENE.

» Cnéus, d'un trop beau nom, jeune & faible héritier,
» L'a suivi chez les Morts, sans cueillir un Laurier.

Il s'agit ici de Cnéus-Pompéïus-Sextus. J'ai pris dans

la partie chronologique de ma Tragédie, la licence poétique d'avancer de quelques années, la mort de cet inutile rejeton du grand Pompée. Ce rejeton, perfonnage fans caractère, mais impofant par la mémoire de fon père, eût nui à l'intérêt univerfel que je voulais raf-fembler fur Caton. C'eft pour la même raifon, que dès le premier Acte, j'ai foin d'éloigner de la Scène le jeune Scipion, & de ne le préfenter que comme l'introducteur de mon principal perfonnage-

MÊME SCENE.

» Prince, à votre penchant livrez-vous fans fcrupule ;
» Courez feul vous jetter dans le Parti de Jule.

Plufieurs m'ont blâmé, comme d'une invraifem-blance, de fuppofer que le Roi Juba fe foit avifé d'en-voyer un de fes fils fervir fous Jules-Céfar, tandis que lui-même, & fon autre fils, reftaient fidèles au Parti de Pompée. Je me contenterai d'oppofer à cette préten-due impoffibilité, deux faits hiftoriques ; l'un, tiré de l'ancienne Hiftoire de Perfe ; l'autre, de l'Hiftoire Romaine.

Exemple tiré de l'Hiftoire de Perfe.

Quand le Satrape Datame fe révolta contre Artaxer-cès, il prit la précaution d'envoyer fon fils, fervir fous les drapeaux du Roi.

Exemple tiré de l'Hiftoire Romaine.

Métellus, tant qu'il fut l'un des Lieutenans d'An-toine, s'était attaché à faire le plus de mal poffible au

Parti Octavien. Ce vieux Militaire fut pris , & conduit
parmi d'autres captifs en préfence du vainqueur. Il était
difficile de le reconnaître dans l'état fordide, & fous
les vils lambeaux de la captivité. Sautant donc au cou
de fon père, le jeune Métellus adreffa ainfi la parole à
Octave : « Céfar, mon père, a fervi parmi tes ennemis;
» mais moi, j'ai milité fous tes Enfeignes. S'il mérite
» punition, moi, je mérite récompenfe. Permets entre
» nous cet échange : ordonne qu'il vive ; & moi, je
» périrai pour lui ».

Octave héfite quelque-tems ; mais enfin, ce fpectacle
attendriffant fléchit fon âme. Il fait grace , & laiffe vivre
celui de tous fes adverfaires qui lui avait nui le plus.

ACTE II.

SCENE IV.

» O MON père, ou plutôt, père de la Patrie, &c.

Ce beau titre de *père de la Patrie*, décerné à Cicéron,
n'a pas été oublié par Juvénal.

. . . . , *Roma parentem ,*
Roma patrem Patriæ Ciceronem libera dixit.

Pline le Naturalifte s'en eft auffi fouvenu , l. 7. *Salve,*
primus omnium , PARENS-PATRIÆ *appellate ,* &c.

MÊME SCENE.

» Et lorfque le trépas fermera ta paupière,
» La même heure, Brutus, viendra clore mes yeux.

Porcie ne tint que trop fa promeſſe. Après la mort de Brutus, voyant qu'on avait pris la précaution d'écarter d'elle tout inſtrument meurtrier, elle eut le courage d'avaler des charbons ardents : acte d'héroïſme conſacré aux âges futurs par le Poëte Martial, *l. 1. Epigr. 43.*

» *Conjugis audiſſet fatum cùm Porcia Bruti,*
» *Et ſubtracta ſibi quæreret arma dolor,*
» Nondum ſcitis, ait, mortem non poſſe negari.
» Credideram ſatis hoc vos docuiſſe patrem.
» *Dixit ; & ardentes avido bibit ore favillas :*
» *I, nunc, & ferrum turba moleſta negat.*

Epitaphe de Porcie, non imitée de Martial.

Prête à joindre Brutus, la Romaine Porcie,
Par un dernier foupir n'accuſa point les Dieux.
Souriant à la main qui lui fermait les yeux,
Elle dit à la Mort: *tu vaux mieux que la vie.*

Quelque-tems avant la mort de Brutus, Porcie préſageant ce qui devait arriver, prit un raſoir, & s'en fit une inciſion à la gorge. Ceci ayant été rapporté à ſon mari, il accourut, & la gronda avec aſſez d'humeur, lui demandant ſi c'était le fait d'une femme, de toucher aux inſtrumens d'un Barbier. *Ce n'eſt pas ſans deſſein, lui dit-elle, que j'en agis ainſi ; c'eſt un eſſai, Brutus, une anticipation de ce que j'ai à faire, ſi je viens à te perdre.*

A

À la nouvelle de la mort de Brutus, quelqu'un voyant Porcie s'abandonner sans réserve à sa douleur, lui demanda quand finirait ce deuil; *avec ma vie*, répondit-elle.

Caton eut d'autres enfans que Porcie, mais elle seule hérita de son courage. L'Histoire rapporte, qu'avant de se mettre à table pour faire son dernier repas, Caton embrassa tendrement son fils, & l'exhorta à recourir à la clémence de César; conseil que ce jeune homme suivit. César témoigna de grands regrets, lorsqu'il apprit la fin tragique de Caton, & conserva à ses enfans leur patrimoine.

ACTE III.

SCENE III.

» ET, toi seul excepté, j'ai conquis l'Univers.
» ET CUNCTA TERRARUM SUBACTA,
» PRÆTER ATROCEM ANIMUM CATONIS.

HOR. *Od.*

MÊME SCENE.

» Pourquoi douterais-tu que César ne fût homme
» A dédaigner l'honneur de rentrer Roi dans Rome ?

C'est le cas de rappeller ici les paroles énergiques de Marguerite de Valois, Reine de France & de Navarre, recueillies par Brantôme, *Opusc.* tom. 13, *p.* 16. 11. *La plus grande gloire qu'eurent jamais les Romains, César la leur avait acquise ; & César était digne plus que de Rome.*

G

S C E N E V.

« C'eft l'afyle d'un fage... Ariftippe!.. Il faut lire, &c.

Ariftippe était né à Cyrène, raifon qui femble m'autorifer à lui fuppofer un tombeau en Afrique. D'ailleurs, il avait été difciple de Socrate, ce fage dont le dogme favori était l'*Immortalité de l'âme*. Ce fut Ariftippe, qui, partant de Cyrène, pour aller entendre en Grèce les leçons de Socrate, commanda en route à fes efclaves de jetter à terre les facs d'or dont il les avait chargés, alléguant *que le voyage s'en ferait plus leftement, & qu'on arriverait plus vîte.* Sobre avec les gens fobres, auftère avec les gens auftères, dèlicat & recherché avec les gens de luxe, Ariftippe fut l'homme de toutes les fociétés. Le caractère particulier de fa philofophie, était de s'accommoder de tout, de fe plier à tout, & d'être d'humeur, de régime & de mœurs verfatiles, felon le tems, le lieu & la circonftance; ce qui fait dire au Poëte Horace :

» *Omnis Ariftippum decuit color, & ftatus, & res.*

HOR. L. 1. Epift. 17.

ACTE IV.

SCENE PREMIÈRE.

» **L**IBERTÉ toujours chère,
. . . . , ...
. . . .
» Quand pourrai-je ; rendue aux bords sacrés du Tibre,
» Embraffer ton image, & me croire encor libre ?
        » *Non ante revellar,*
» *Exanimem quàm te complectar, Roma, tuumque*
« *Nomen, Libertas ! & inanem profequar umbram.*
          LUCAN. Pharf.

SCENE II.

« C'eft fon ardent amour pour notre République.

Cet amour pour la République était extrême, auffi-
bien qu'exclufif, chez Caton. Lorfqu'on débattit à
Rome la grande queftion, fi Céfar ferait créé Dictateur,
ou Pompée feul Conful, Bibulus fut de ce dernier avis;
&, ce qui furprit tout le monde, Caton s'y rangea,
comptant, dit-il, que Pompée uferait avec modération
d'un pouvoir extraordinaire. Celui-ci s'étant alors ré-
pandu en remerciemens, Caton, avec fa rudeffe ftoïque,
lui répondit : « *Ne m'ayez aucune obligation, car ce*
» *ce que j'en fais, c'eft pour le bien de la République,*
» *& non pour vous complaire* ».

S C E N E V.

» Ce qu'a promis Céfar, il le tiendra . . . . . . du moins,
» S'il y manque, mes yeux n'en feront pas témoins.

Cicéron, fans blâmer ceux qui avaient confenti à recevoir leur pardon du vainqueur, (& lui-même était du nombre), articule qu'un homme de la trempe de Caton, devait fe donner la mort, plutôt que de s'expofer à endurer la vue de Céfar, tyran de Rome. « *Catoni* » *moriendum potiùs, quàm tyranni vultus infpiciendus* » *fuit.* Cicer. offic. L. 1. Paragr. 112.

Cette opinion de Cicéron, le contemporain & l'ami de Caton, combat formellement celle de M. de Voltaire, dans fa Tragédie de la *Mort de Céfar*. Brutus y dit en parlant de Caton:

» Il tourna contre lui fes innocentes mains.
» Sa mort fut inutile au refte des humains.

On conçoit que je n'ai pu faire aucun ufage de cette vue moderne, inadmiffible dans une Tragédie, dont le fujet eft la *Mort de Caton*. Car je ne pouvais à-la-fois, tourner cette mort en action héroïque, & blâmer mon héros de fe l'être donnée. J'ai dû même contrarier Cicéron, qui n'attribue le fuicide de Caton, qu'au feul principe.

» Caton ne doit point s'expofer à envifager un Tyran.

Cela ne fuffit point pour fonder une Tragédie, d'autant que Céfar n'était point tyran quand Caton mourut.

ACTE V.

SCENE III.

» Pétréïus & Juba. . . . .

Telle fut en effet la fin tragique de Marcus-Pétréïus, & du Roi Juba, selon l'Histoire. Voyez Hirtius, à la suite des Commentaires de César.

Marcus-Pétréïus s'était rendu célèbre par sa victoire sur Catilina ; & dès cette époque, l'Historien Salluste parle ainsi de ce grand Homme :

« *Homo militaris, quòd ampliùs annos triginta Tribunus, aut*
» *Præfectus, aut Legatus, aut Prætor, cum magnâ gloriâ in*
» *exercitu fuerat, &c.*

SCENE V.

» Consens, consens, Marcus, à nous quitter plus tard.

Le prénom de Caton était *Marcus* ; & le style amical & caressant, comme aussi l'usage élégant, était d'appeller un Citoyen par son prénom :

. . . . GAUDENT PRÆNOMINE MOLLES, AURICULÆ.

MÊME SCENE.

» Tu l'as juré, que Rome serait libre ;
» Je meurs satisfait.

Ces paroles sont des plus vraisemblables & des plus convenables dans la bouche de Caton. L'espoir que sa mort mettrait le fceau à la liberté de Rome, fut, fans doute, l'efprit patriotique qui anima Caton à fon dernier foupir. Tel, probablement, fe le figurait Corneille, lorfqu'il fe propofait de peindre un jour :

» Les Scipions vainqueurs, & les Catons mourants.
P. CORNEILLE, Epître au Cardinal Mazarin.

» Catonis
» Nobile lethum.
HOR. L. 1. Od. Quemvirum.

MÊME SCENE.

» O vertu !
» Preftige des grands cœurs, dis, à quoi nous fers-tu ?
» Toi ? vrai bien, Déïté tutélaire de l'homme ?
. . . . Va, tu n'es qu'un phantôme.

Ce furent, au rapport des Hiftoriens, les propres paroles de Brutus, en mourant.

ENVOI

D'un Exemplaire du Caton d'Utique *, à un Ami Célibataire.*

Mon très-honorable Ami,

Si tous les Célibataires vous reſſemblaient, il faudrait conſeiller le Célibat à la moitié du Genre-Humain. Mais comme, peut-être, chercherait-on en vain la moindre de vos rares qualités chez la plûpart de Ceux qui fuyent le joug conjugal, vous ſeriez trop injuſte ſi vous vous aſſimiliez aux Citoyens pervers ſur leſquels j'ai cru devoir frapper, dans l'*Avant-Propos* de ma Tragédie de *Caton d'Utique*. Approuvez que je vous place dans le très-petit nombre d'exceptions que peut admettre ma cenſure.

> Modèle des Amis parfaits,
> Lis mon Ouvrage en aſſurance.
> Si ma Muſe, ſans indulgence,
> Y met le Célibat au nombre des forfaits,
> Va, ce n'eſt point toi que j'offenſe.
> Nul Citoyen, nul Patriote en France,
> Ne ſignala ſes jours par de plus nobles traits.
> Ta Compagne eſt la Bienveillance;
> Tes Enfans, ce ſont tes Bienfaits.

Je ſuis, de l'homme que je viens de dépeindre, & à

qui ces traits conviennent réellement , l'ami le plus
tendre & le plus dévoué,

LOUIS POINSINET DE SIVRY.

Paris, ce 1 Décembre 1789.

E N V O I

D'un Exemplaire du Caton d'Utique *à M. Duport,
Conseiller au Parlement , Député à l'Assemblée
Nationale , &c.*

MONSIEUR,

L'accueil dont vous avez honoré plusieurs de mes
Ouvrages , vous donne un droit particulier à l'hommage
d'un exemplaire de celui-ci , où domine le sentiment qui
vous distingue le plus ; le Patriotisme. C'est à ce coin
que sont marquées les diverses *motions* qu'on vous a vu
faire dans l'auguste Assemblée , où s'agitent, de nos
jours , les plus chers intérêts de la Nation , & les desti-
nées des races futures. Le zèle que vous y déployez , est
bien digne de la splendeur d'un nom allié à celui de
TALON & de TUBEUF. Poursuivez, Monsieur,
une carrière toute glorieuse & toute méritoire envers
vos Concitoyens. Signalez-la chaque jour , par des *propo-
sitions* courageuses & vraiment utiles. Il en est une que je
ne vous cacherai point , qu'on attend de vous avec im-

patience ; c'eft le fouhait de tous nos vrais Patriotes , c'eft le vœu de la France entière. Vous concevez que je veux parler d'une *motion* , tendante à marier les Eccléfiaftiques. Le Mariage eft en effet le fceau du Patriotifme. C'eft , de tous les liens facramentels , le plus indifpenfable à la Société. *Crefcite & multiplicamini* , eft la plus ancienne loi du Créateur ; le commandement de fon amour envers fes Créatures. Nul Être Humain ne fauroit , fans facrilège , fe fouftraire à l'univerfelle obligation de l'Hymen. Les vertus qu'exige le Mariage , & les bénédictions inhérentes à cette divine inftitution , ne peuvent , fans doute , qu'ajoûter à la fainteté du Sacerdoce. Vous donc , Monfieur , vous , un des organes de la plus augufte Affemblée , faites-y tonner ces grands principes. Frappez d'un jufte anathême tout *figuier ftérile.* Banniffez de toute l'étendue de la France , fon plus grand fléau , le Célibat. Faites rentrer l'Eglife dans l'Etat , en l'affociant à la propagation des Citoyens. Un Evêque , un Curé , un Vicaire , pères de famille , n'en feront que plus charitables , & que meilleurs Patriotes. Les Calviniftes , les Luthériens , les Anglicans , ont-ils , en général , de plus refpectables & de plus exemplaires Citoyens , que leurs Pafteurs , qui , prefque tous , ont femme & enfans ? Parmi nous , l'illuftre *Boffuet* , cette lumière de l'Eglife , était , dit-on , marié. Nos Prélats fe croiraient-ils plus parfaits que Boffuet ?

Mais je m'apperçois , Monfieur , qu'infenfiblement je pafferais les bornes d'une lettre. Je vais donc terminer celle-ci, en vous faifant part de la découverte que j'ai faite d'un perfonnage de votre nom, qui vivait en 1105, & qui, cette année-là, étant en Paleftine, foufcrivit avec plufieurs Prélats, & un Seigneur de la Maifon de Porcelet, un Teftament de Raymond, Comte de Touloufe, rapporté par Céfar de Noftradamus, Hiftoire & Chronique de Provence, Partie 1. p. 112.

Je fuis, avec la plus refpectueufe confidération,

MONSIEUR,

Votre, &c.

LOUIS POINSINET DE SIVRY.

Paris, ce 1 Décembre 1789.

LETTRE

A M. NAUDET Penſionnaire du Roi.

Monsieur,

La manière toute énergique , & toujours neuve, dont vous avez exprimé le *paſſage du Xanthe*, dans la Tragédie de *Briſéïs*, de mon père, devant le Public de Paris ; & ſur-tout, la manière dont vous l'avez rendu, cette année, à Verſailles, en préſence de la Cour, m'ont inſpiré une témérité bien digne d'un ex-Rhétoricien ; celle de traduire en Latin , & vers pour vers, ce morceau de poéſie , mémorable par lui-même , & par le charme inappréciable qu'y ajoûtent vos talens. Je ſais bien , Monſieur, qu'il exiſte, ſur la Scène Françaiſe, un autre Récit, qni , ſans doute , eſt nn chef-d'œuvre , celui de *la mort d'Hippolyte*, dans la ſuperbe Tragédie de la *Phèdre* de Racine. Mais , puiſque, par la plus heureuſe des Révolutions , nous voilà tous devenus *libres*, qu'il ſoit permis à un Littérateur de dix-huit ans , fils de l'Auteur de *Briſéïs*, de prendre la licence de comparer ces deux merveilleux Récits. Celui du divin

Racine, a, jufqu'ici, remporté la palme fur tous ceux
de la Scène Tragique; & ce n'eft pas fans raifon : le
Poëte y a verfé toute la magie de fa Mufe. Mais, à la
réflexion, vous conviendrez, Monfieur, qu'il fe trouve
là deux grands défauts, que voici : c'eft que le Gouver-
neur *Théramène*, qui fait toute cette belle déclamation,
ne doit pas la faire; & que, ni *Théfée*, père du Héros,
ni les Spectateurs qui l'entendent, ne doivent l'écouter.
Ainfi :

>» Le flot qui l'apporta, recule épouvanté,

  Et

>» Sa croupe fe recourbe en replis tortueux, &c.

Tous ces élans d'une riche Épopée, tous ces détails
oififs, font, il faut l'avouer, une fuperfétation emphatique,
qu'il convenait d'abandonner à Sénèque le Rhéteur.
Aucun de ces reproches ne peut, Monfieur, s'appliquer
au *Paffage du Xanthe*, à ce Récit que vous avez fait
valoir avec tant d'art, & que votre talent a fait procla-
mer le *premier Récit de la Scene Françaife*. Je ne vous
flatte point, Monfieur, je vous rends juftice; & je dois
le même tribut d'éloges à tous ceux qui ont rempli des
Rôles dans la Tragédie de *Briféis*. Mademoifelle Fleury
s'eft élevée, dans fon perfonnage, à l'héroïque & fublime fiereté de la Compagne d'Achille; M. Dorival a
été couvert d'applaudiffemens dans tout le Rôle d'Ulyffe;
M. de Saint-Prix a repréfenté en vrai Demi-Dieu, l'*A-
chille d'Homère*; M. de Saint-Fal, par l'intérêt de fon
jeu, a fait regretter que le Rôle de *Patrocle* finît

au troisième Acte ; M. Vanhove s'est surpassé lui-même dans celui de *Priam*, qui, en 1759, avait fait le triomphe de M. Brisard : & M. Grammont, dans le plus court des Rôles. dans celui d'Ajax, a fait la plus vive sensation.

Je serais toute-fois tenté, je crois, de vous flatter, Monsieur, si j'espérais capter par-là votre indulgence, pour l'insolence que j'ai eue de piller en Latin votre beau *Récit de Brisès*, & d'enlever ainsi à mon Père, de son vivant, les plus beaux vers, peut-être, qui ayent jamais découlé de sa plume.

J'ai l'honneur d'être, &c.

LOUIS-CHARLES POINSINET DE SIVRY, fils.

Paris, ce 1 Décembre 1789.

P. S. Si vous avez occasion, Monsieur, de voir avant moi Mademoiselle Fleury, je vous prie de lui faire agréer les quatre vers suivants, faits pour accompagner son portrait.

A Mademoiselle FLEURY.

« Achille avait un cœur à l'amour indocile ;
» L'altière Briséïs sçut pourtant le dompter.
» Qui vous la voit représenter,
» Conçoit la faiblesse d'Achille.

BRISÉIS, TRAGÉDIE.

ACTE V. SCENE III.

PRIAM, BRISÈS.

BRISÈS.

Achille furieux
Courait à la vengeance au sortir de ces lieux.
Les éclairs sont moins prompts, la foudre est moins soudaine.
Déjà de la Troade il a vu fuir la plaine.
Il se présente aux bords à jamais révérés,
Où le Xanthe immortel roule ses flots sacrés (1).
Hector au même instant paraît sur l'autre rive.
Achille, en frémissant, voit sa rage captive ;
Et redoublant sa haine à l'aspect du Héros,
Terrible, & tout armé, se plonge dans les flots.
De cette audace altière, Hector même s'étonne.
Achille disparaît, l'onde écume & bouillonne.

---

(1) Le culte pour ce fleuve (qui portait le double nom de Xanthe & de Scamandre) était tel, que les jeunes filles de Troyes & des environs avaient coutume de lui faire hommage de leur virginité, en venant se baigner dans ses eaux la veille de leurs nôces. Voyez l'Encyclopédie, aux mots *Néda* & *Scamandre.*

Traduction

TRADUCTION LATINE,

Et vers pour vers, du passage du Xanthe, *dans la Tragédie de* Briséïs, *de* Louis Poinsinet de Sivry, *par* Louis - Charles Poinsinet de Sivry, *fils, âgé de* 18 *ans, Pensionnaire de* S. A. S. *Monseigneur le Duc d'Orléans.*

PRIAMUS, BRISES.

BRISES.

IMMITIS Achilles
Egrediens castris ultricia currit ad arma,
Fulgure jam citior, jam fulmine promptior ipso.
Sub pedibus fugiunt, fugiunt, heu ! Trôadis arva.
Æternùm venerata ferox ad littora tendit,
Quæ sacer augustis Xanthus circumfluit undis.
Armipotens ripâ Hector cernitur ulteriore.
Frænatam rabiem perfrindens sentit Achilles ;
Aspectu Phrygii, majores concipit iras :
Ære gravis, minitans, medium se mergit in Amnem.
Ipse stupens animos audaces conspicit Hector.
Obruitur fluvio Pelides ; æstuat humor :

H

Bientôt il se remontre, & paraît à nos yeux
Tel qu'on peint les Titans armés contre les Dieux.
Tous ces Dieux conjurés pour venger leur rivage,
D'accord avec les flots, combattaient son passage.
Achille, loin de lui, par l'orage entraîné,
Repousse, mais en vain, le torrent mutiné.
Un choc nouveau le presse; il chancelle, il succombe;
Il rappelle sa force, il résiste, il retombe.
Il voit encor briser ses efforts superflus;
Un bruit même s'élève : » Achille ne vit plus » !
Mais, tandis qu'à l'envi, les défenseurs de Troye
Se livrent aux transports d'une indiscrette joie;
O surprise! O prodige! Achille audacieux
Surmonte la Tempête, & le Fleuve, & les Dieux.
Ce n'est plus un Mortel échappé du naufrage,
C'est Achille vainqueur, qui s'élance au rivage.

P R I A M.

Ciel! Et mon fils?

B R I S È S.

Hector, en ce moment fatal,
Avec moins de fureur, montre un courage égal.
L'un par l'autre excités, ces rivaux intrépides,
Mesurent fièrement leurs glaives homicides.
Une même valeur semble guider leur bras.
Tous deux cherchent la gloire, & courent au trépas.
La Victoire hésitait; la Déesse inhumaine
Allait enfin pencher sa balance incertaine;

Sed summâ undâ extans subitò spectatur Achilleus,
Tales in Divos gesserunt arma Gigantes.
Ripas Cœlicolæ quemquam temerare sacratas
Indignantur ; & hostem, immixti flactibus, arcent.
Æacides æstu longè exturbatus arenâ,
Torrentem rapidum dextrâ propulsat inani.
Rursùs in abruptum actus, nutat ; denique cedit ;
Mox revocat vires ; innat ; modò mergitur undis.
Conatûs iterùm Æacidis solvuntur inanes.
Tollitur ad Cœlum clamor : *Jam vixit Achilles !*
Dùm verò certatim Propugnacula Trojæ
Ingenti temerè celebrant nova gaudia plausu,
Mirum, ô ! prodigium ! armis audax Thessalus heros
Vincit bacchatas Auras, Amnemque, Deosque ;
Jam nec nunc Tempestati Mortalis ademptus,
Sed victor Pelides, in ripam emicat ardens.

P R I A M U S.

Proh ! quid jàm Natus ?

B R I S E S.

      Tanto discrimine rerum,
Ille, animi compos, non impar surgit Achilli.
Concurrunt clypeis immensi fulmina belli ;
Ferrea terribiles immaniter arma decussant.
Virtus namque eadem mavortia brachia ducit
Certantûm ; pulchram quærunt per vulnera mortem.
Hos inter longùm dubitat Victoria pendens ;
Ancipitem, dira, inclinabat denique libram ;

Mais un Dieu plus propice en ordonne autrement ;
Et le Sort, qui fait tout, change l'evènement.
Un trait part de nos rangs. Son atteinte émoussée
Par le casque d'Achille, est au loin repoussée.
Les airs font auffi-tôt couverts de mille dards.
Les Grecs fur les Troyens, fondent de toutes parts.
Jamais Mars dans les cœurs ne mit plus de furie.
Mes yeux ont vu combattre, & l'Europe & l'Afie.
Neptune arme pour Troye, & Junon pour Argos,
Tout ce que la Nature a produit de Héros.
La Fuite à la Terreur, ne permet plus d'afyle ;
Tout Troyen eft Hector, & tout Grec eft Achille.
Achille & fon rival, dans la foule perdus,
S'appellent à grands cris, & ne fe trouvent plus.
Sans doute, un Dieu plus fort les trouble & les égare :
Mars veut les réunir, Jupiter les fépare.
Jupiter ne veut pas que la Parque en courroux,
Etende fur Hector fes homicides coups.

Propitiore Deo , nullum Fortuna coronat;
Et quæ cuncta movent , eventum Fata reflectunt.
Ê Teucrûm turmis eccè est allapsa sagitta ;
Casside sed duri prôpellitur ictus , Achillis.
Innumera eripiunt subitò tela impia Cœlum ,
Couversæque ruunt Acies ; hìnc agmina Trojæ ,
Hinc Graii ; nunquàm asperior Mavortis imago.
Certantem his oculis vidi Europamque , Asiamque.
In Trojam Juno , pro Trojâ suscitat omnes
Neptûnus , Claros bello quós prædicat Orbis ;
Imbellique Fugâ , superest spes nulla Timori ;
Omnis Trôs Hector , omnis jàm Graïus Achilles.
Ast longè disjecti , ambôque per agmina se dùm
Voce vocant , nequeunt jàmjàm concurrere ferro.
Majus agit Numen ; susi in diversa feruntur.
Mars utrumque ardet committere ; Jupiter arcet ;
Jupiter ipse vetat fatalia siamina nentes
Hectoreum jam nunc filum rescindere , Parcas.

RÉPONSE DE M. NAUDET,

A M. POINSINET DE SIVRY, FILS.

Macte animo , Juvenis ! benè sìc furabere Patrem ;
Sìc Pater ipse tuus fur fuit Iliadi.

ENVOI

D'un Exemplaire du Caton d'Utique, *à l'Université de Paris.*

MÉRE ILLUSTRE DES BEAUX ARTS, PRÉCIEUSE FONDATION DE CHARLES-MAGNE, FILLE AINÉE DE NOS ROIS!

Mon Père, votre Elève, me charge de vous adreſſer l'hommage d'un Exemplaire de ſon *Caton d'Utique*, Pièce où l'amour de la Patrie joue un Rôle diſtingué. J'acquitte de ce tribut l'auteur de mes jours, avec d'autant plus d'empreſſement, que j'y trouve une occaſion de rendre publique la reconnaiſſance dont il eſt pénétré pour l'excellente Education qu'il a reçue dans votre ſein. C'eſt là qu'il a puiſé ce goût ſolide, qui naît du commerce des Anciens. Auſſi ne parle-t-il qu'avec culte, des Profeſſeurs & Inſtituteurs (1) d'élite, ſous leſquels il

____

(1) Mon père a eu le bonheur d'avoir pour Inſtituteurs, au Collège de la Marche, M. Lambert, M. l'Abbé Lallemant, M. Vaſin, fils ; M. l'Abbé Jaquin, qui a été Recteur; M. l'Abbé Gaſton, décédé Evêque de Thermés, &c. Toutes perſonnes d'un rare mérite.

s'eſt formé. Trouvez bon, MÈRE RÉVÉRÉE, que je partage ſa gratitude pour vous : & puiſqu'auſſi-bien, les principes lumineux par leſquels il achève de diriger mes Etudes, ſont ceux qu'il a ſaiſis chez vous ; n'eſt-il pas juſte que je m'aſſocie à ſa reconnaiſſance, & que je vous prie de jetter un regard ſur mon premier eſſai de Poéſie Latine ?

Je ſuis, avec amour & reſpect,

MÈRE ILLUSTRE DES BEAUX ARTS.

Votre, &c.

L. CH. POINSINET DE SIVRY, fils.

CATALOGUE

Des principaux Ouvrages de l'Auteur de Caton d'Utique.

Les Egléides, ou Recueil de Poéfies, dédiées à Eglé, 1754.

Plufieurs Opéra Comiques, vers le même temps. Chez Duchefne.

Les Mufes Grecques, ou Traduction en vers Français d'Anacréon, de Sapho, Moskhus, Bion, Tirthée, &c. première édition, à Nancy, 1758. Seconde édition, à Paris, chez Barbou, 1759. Troifième édition, aux Deux-Ponts, 1774. La quatrième édition eft fous preffe.

Brifeïs, Tragédie. Elle a eu quatre éditions; la dernière eft celle de Moutard, 1787.

Théâtre de Sivry, première édition. A Paris, de l'Imprimerie de Barbou, 1759. Seconde édition, aux Deux-Ponts, 1774. L'une & l'autre font épuifées.

Le Phafma, ou l'Apparition, Roman. Chez la Combe, 1774.

Les Origines Uriennes, ou l'Origine des anciennes Sociétés. Chez le Jay.

Alcidor & Phyllire, Opéra, dont parle avantageufement M. de la Borde dans fes Recherches Muficales, & dont M. Légat de Furcy a compofé la Mufique.

LA HIRE, ou le *conronnement de Charles VII*, Ballet héroïque. Au porte-feuille de l'Auteur.

Traité de la Politique privée. A Amsterdam, chez Marc-Michel Rey.

Traité des Caufes phyfiques & morales du Rire. A Amsterdam, chez le même.

Lettre fur l'*Ecoffaife* de M. de Voltaire, avec l'épigraphe : *Quó ufque tandem,* &c. A Paris, 1760.

L'Appel au petit nombre, 1762. Deux éditions, l'une de Simon, l'autre de Barbou.

Première Traduction Françaife, & première publication Latine du célebre Fragment de Tite-Live, trouvé au Vatican, fur le revers de la couverture d'une Bible.

Traduction en vers Français, de l'Iliade d'Homère. Les quatre premiers Chants, font au porte-feuille de l'Auteur. Le feu Roi avait foufcrit pour cette Traduction; mais, fous le bon plaifir de Sa Majefté, l'Auteur la fufpendit, pour s'occuper de la vafte entreprife du Pline, que toute l'Europe favante defirait encore davantage.

Recherches fur les Médailles & Hiéroglyphes antiques, 1 vol. *in-4°*. avec gravures ; imprimées à Maftreicht, chez Dufour. Se trouvaient à Paris, chez Poinçot. L'édition eft épuifée. Prix actuel dans les ventes, deux louis d'or, broché.

Catalogue raifonné du Cabinet de Médailles, de M. le Baron de Beauvois, 1776.

Edition Latine d'Horace, avec un Commentaire Français. De l'Imprimerie de Didot l'aîné, texte très-soignée. A Paris, chez Cazin, 2 vol. *in-8º.*

Première traduction Française du Théâtre d'Aristophane. Chez Didot le jeune, 4 vol. *in-8º.*

Traduction Française de Pline le Naturaliste, avec un texte raisonné, & des Commentaires ; 12 vol. *in-4º.* chez la veuve Desaint. Prix, six louis d'or l'exemplaire relié.

Recherches Polyglottes, où toutes les Langues connues, mortes ou vivantes, font ramenées à des racines communes. Sous presse.

Plusieurs Duo, mis en musique par M. de la Garde, 1754.

Un grand nombre d'articles dans le Journal Étranger.

Une multitude d'articles dans la Bibliothèque universelle des Romans.

Un grand nombre d'articles dans le Nécrologe.

Un grand nombre de Pièces fugitives & de Recherches d'érudition, dans le Mercure de France, & dans d'autres Journaux.

Traduction Française du Théâtre de Plaute, 10 vol. *in-8º.* Sous presse.

Toute la partie de Morale extraite de Platon, & traduite en Français dans la *Morale des Anciens*, publiée par de Bure.

Le *Protée Littéraire*, ou, Mélanges de vers & de prose, sur diverses matières instructives ou amusantes. Cet Ouvrage est susceptible d'une série de volumes; le premier sera incessamment sous presse.

Un grand nombre de Recherches fur Athénée, au porte-feuille de l'Auteur.

Une traduction Françaife, en profe, de la *Médée* de Sénèque. Sous preffe.

Une refonte totale du vafte Ouvrage de la *Phyfiologie Univerfelle* de feu M. Macquer le Médecin. Ce travail a été livré en 1778, à M. Lacombe, alors Libraire.

Un Commentaire fur *Racine*, livré à M. Luneau-de-Bois-Germain, pour lui fervir de matériaux pour fon édition de *Racine*.

Plufieurs travaux pour la Bibliothèque de feu M. le Marquis de *Paulmy*.

Une multitude de recherches & de travaux préparatoires, pour la vafte entreprife du *Bibliographe Univerfel*, pour la foufcription de laquelle, M. Peinfinet de Sivry, en confidération de fes immenfes travaux, obtint l'agrément de M_{gr}. de Miromefnil, Garde-des-Sceaux de France, le 22 Août 1782. Inceffamment fous preffe.

Un Poëme en trois Chants, fur une convalefcence de feue Madame la Ducheffe d'Orléans.

Une Traduction en vers Français, de *l'Art-d'aimer* d'Ovide.

N. B. Ces deux derniers Poëmes ont péri il y a plus de trente ans, dans le premier incendie du Palais-Royal; ainfi qu'une verfion Françaife de *Boëce*, partie en vers, partie en profe; une traduction Françaife (avec Com-

mentaires) d'Annius de Viterbe; une traduction Françaife, en vers, de l'Œdipe de Sophocle; un Opéra manufcrit; plufieurs Comédies manufcrites; un recueil
manufcrit de plufieurs Ouvrages en vers & en profe, &c.